힘과 속력이 뭐야?

신나고 재미있는 이야기 속 물리 이야기 **2**

힘과 속력이 뭐야?

송은영 글
김영민 그림

여우오줌

이 책을 읽는 어린이에게

물리는 참 재미가 있답니다. 또 아주 유익하고 중요한 것이기도 하지요. 하지만 그렇게 생각하는 사람들이 별로 많지 않은 것 같아서 섭섭하기도 하네요.

한번 생각해 보세요. 물리가 정말로 재미 없다면, 아인슈타인이나 갈릴레이, 퀴리 부인 같은 훌륭한 물리학자들이 그렇게 열심히 연구할 수가 있었을까요? 물리가 중요하지 않다면 우리 나라보다 더 잘사는 나라들이 앞다퉈 가며 물리 연구에 어마어마하게 많은 돈을 쓰겠습니까? 절대 그렇지 않을 겁니다.

물리는 아무리 봐도 어렵기만 한 공식 투성이 학문이 아니라 우리 생활과 떨어질 수 없는 재미있는 학문이에요. 예를 들어, 버스를 타고 가다가 버스가 갑작스럽게 서 버리는 바람에 몸이 넘어질 뻔한 적이 있을 거예요. 이것도 다 물리 법칙 때문이랍니다.

그리고 우리 대한민국이 세계에서 가장 잘살고 힘 있는 나라가 되는 데도 물리가 꼭 필요하답니다. 반도체, 레이저, 로봇, 최신형 전투기, 우주왕복선, 천체 망원경같이 우리가 첨단 과학이라고 부르는 모든 것이 다 물리 없이는 이루어질 수가 없는 것들이거든요.

그러면 어떻게 해야 할까요? 우리 나라가 세계에서 잘사는 나라가 될 수 있도록 미래의 주인공인 어린이 여러분들이 미리 준비해야겠죠? 그러려면 먼저 물리와 친해져야 할 테고, 다음으로는 물리 지식을 많이 알아야 합니다.

이런 뜻에서 저는 물리를 더욱 재미있고 쉽게 이해할 수 있도록 이 책을 썼답니다.

이 책은 이렇게 이루어져 있어요.

먼저 재미있는 이야기로 시작해서, 거기에서 생각해 볼 수 있는 물리 현상을 지적하고, 그걸 '여기서 잠깐만!'에서 풀어 보고자 했습니다. 이런 가운데 어린이 여러분은 논리적인 상상력이 부쩍 커지게 되지요.

다음으로 앞에서 이야기한 내용을 올바로 이해했는지 검토해 볼 수 있도록 '혼자서 생각해보기'를 만들었습니다.

그리고 마지막으로 '하나 더 알기'를 두어, 앞에서 다 말하지 못한 내용을 더 설명했답니다.

이 세 과정을 거치며 차근차근 읽어·나가다 보면, 여러분은 저절로 물리에 푹 빠지게 될 거예요.

어린이 여러분이 이 책을 읽고 물리에 한층 쉽게 다가갔다면 이보다 더 큰 기쁨은 없을 겁니다.

부모님께 드리는 글

이 책은 물리 지식을 어린이들에게 좀더 알기 쉽게 전달하는 것이 목적입니다. 또한 우리 어린이들 마음 속 깊은 곳에 숨어 있는 창의적 생각을 이끌어 내는 것도 이 책이 바라는 것입니다.

무턱대고 아무 생각이나 한다고 해서 창의적인 생각이 길러지는 것은 아니라고 봅니다. 먼저 논리 있고 이치에 마땅한 생각이 뒷받침되어야겠지요.

"울타리는 통나무로 만든다."

이건 아주 틀에 박힌 생각이지요. 이렇게 자로 잰 듯한, 자유로운 상상의 여유를 찾아볼 수 없는 지식을 달달 외워 머릿속에 꼭꼭 쌓아 놓은 어린이는 가시 달린 철조망을 생각해 낼 수가 없습니다.

틀에 박힌 생각만 강요당한 아이들은 오늘 외운 것을 내일 시험지에 그대로 적어 낼 수는 있을지 몰라도, 조금이라도 모습이 바뀐 문제를 만나게 되면 당황해서 곧 포기해 버리고 말지요.

우리 어른들은 아이들의 머릿속에서 잠자고 있는 창의적 생각을 끝없이 펼쳐 주어야 할 책임과 의무가 있습니다. 그러자면 먼저 부모님이 어떻게 하느냐가 더욱 중요합니다. 아이들과 함께 이 책을 읽으며 과정과 결과를 정답게 이야기하는 것으로 시작해 보는 건 어떨까요.

예를 들어, 아이가 고른 답이 틀렸으면

"왜 이 답을 골랐니?"

라고 물으며, 부모님이 자상하고 꼼꼼한 관심을 보여 주는 게 무엇보다 중요하지요.

이렇게 부모와 아이 사이의 연결이 계속 이어졌을 때, 우리 아이들은 무한한 상상력에 불을 당길 수 있으며, 전에는 감히 엄두도 못 냈던 새로운 발상이 아이들의 머리에 자연스레 떠오를 수 있는 것이지요.

모쪼록 이 책이 이런 뜻에 걸맞게 널리 읽혀져서, 어린이 독자 모두에게 뜻깊은 결과를 가져왔으면 하는 바람입니다.

책이 나오는 기쁨을, 따뜻한 눈길로 늘 저를 지켜봐 주시는 분들과 함께 즐겁게 나누고 싶습니다.

글쓴이 송은영

차례

- 이 책을 읽는 어린이에게   4
- 부모님께 드리는 글   6

1장__우리가 이겼다   11

2장__사윗감이냐, 신랑감이냐   23

3장__배가 똑바로 가지 않아요   38

4장__우주 비행   50

5장__앞으로 꽈당, 뒤로 꽈당   63

6장__박치기 대회　73

7장__구슬치기　83

8장__덜렁이 봉순경　94

9장__현대인 길동이　106

10장__다시 생각해 본 토끼와 거북이　123

11장__두더지 땅굴파기　139

우리가 이겼다

여기는 동물의 왕국.

사람들 발길이 거의 닿지 않는 동물들만의 천국이지요. 넓디넓은 들판 한쪽에선 동물들 한 무리가 뛰어놀고 있고, 또 한쪽에선 한가롭게 풀을 뜯어 먹고 있습니다.

그런데 이 고요하고 평화로운 곳에 언제부터인가 사람들이 하나둘씩 나타나기 시작했습니다.

"우──우──우─부─부─우─부─우─웅."

이상한 소리가 들려 오고 있습니다. 시간이 흐를수록 소리는 점점 더 커집니다. 동물들은 그 소리에 불안한 표정을 감추지 못하고 있습니다.

아, 그것은 자동차 소리였습니다. 사냥꾼들이 자동차를 타고 동물들을 잡으러 달려오는 소리였던 것입니다.

"푸드득, 푸드득, 휘익, 휘익."

새들이 가장 먼저 알고 순식간에 하늘로 날아올랐습니다. 원숭이들도 재빨리 나무 위로 올라갔습니다. 다른 동물들도 허둥지둥 사방으로 흩어지면서 온 힘을 다해 몸을 피하고 있습니다.

사냥꾼을 태운 자동차는 연약해 보이는 사슴 떼를 쫓기 시작합니다. 달음박질쳐 도망가는 사슴 떼도 속력이 빠르긴 했지만, 자동차의 속력을 당하지는 못할 것 같습니다.

사슴 떼를 거의 따라잡은 사냥꾼이 준비했던 그물을 던졌습니다.

"휘이이익."

다행스럽게도 그물이 빗나갔습니다. 맨 꼴찌로 달리고 있던 어린 사슴 뒷다리에 그물이 걸릴 뻔했지만, 사슴은 훌쩍 뛰어넘어 그물을 아슬아슬하게 피했습니다.

사냥꾼은 다시 한 번 그물을 휘익 던졌습니다. 하지만 이번에도 사슴은 경쾌한 발놀림으로 그물을 무사히 피했습니다.

"야호! 잘한다, 잘해. 빨리 뛰어라, 뛰어!"

몸을 숨긴 채 숲 속에서 그런 광경을 안타깝게 지켜보고 있던 다른 동물들이 어린 사슴에게 응원을 보내고 있습니다.

사냥꾼은 약이 바짝 올랐는지 갑자기 그물을 내동댕이쳤습니다. 그리고는 차 안에서 무언가를 뒤적이는가 싶더니, 이

내 길쭉하게 생긴 물건을 꺼냈습니다.

아, 이럴 수가! 사냥꾼이 꺼내든 것은 바로 엽총이었습니다. 사냥꾼은 어린 사슴에게 엽총을 겨누었습니다.

"탕!"

첫 발은 빗나갔습니다. 사냥꾼이 곧바로 다시 한 발을 쏘았습니다.

"탕!"

아, 두 번째 총알은 어린 사슴을 맞혔나 봅니다. 도망치던 사슴이 그만 푹 쓰러지고 말았습니다. 숨을 죽인 채 어린 사슴을 지켜보고 있던 동물들이 웅성거리기 시작했습니다.

"죽었을까?"

"못된 사냥꾼!"

"사슴이 불쌍해!"

동물들은 저마다 그렇게 한마디씩 말했습니다.

"가만 있어 봐. 죽지는 않았나 봐."

"정말?"

정말이었습니다. 어린 사슴은 죽지 않았습니다. 총알을 맞긴 했지만, 목숨이 걸린 부위가 아니라 뒷다리 끝부분이었던 것입니다. 다리에 총알을 맞은 사슴이 비틀거리면서 일어나려고 안간힘을 쓰고 있습니다.

총을 어깨에 올려놓은 채 의기양양하던 사냥꾼은 몹시 신경질이 나는지 또다시 어린 사슴을 향해 총을 겨누었습니다.

"안 돼!"

모든 동물들이 한꺼번에 외쳤습니다. 그 외침 소리를 뚫고 몸집이 우람한 코뿔소가 무서운 속력으로 사냥꾼이 탄 자동차를 향해 달려갔습니다.

사냥꾼은 어린 사슴에게만 정신을 쏟고 있다가 코뿔소가 자기를 향해 달려오고 있다는 사실을 뒤늦게 알아챘습니다. 그러고는 황급히 코뿔소를 향해 총구를 돌렸습니다.

그렇지만 이미 늦었습니다. 맹렬히 달려오던 코뿔소가 크고 센 앞머리로 자동차를 들이받은 것이지요.

"꽝!"

무쇠라도 뚫을 것 같은 코뿔소의 강력한 코가 자동차 옆구리를 들이받자, 자동차는 거꾸로 뒤집히고 말았습니다.

숨어 있던 동물들이 모두 뛰쳐나와 자동차를 에워쌌습니다. 그러고는 땅바닥에 널브러져 있는 사냥꾼들을 노려보았습니다.

동물들의 기세에 눌린 사냥꾼들은 차도 버려 둔 채 슬금슬금 뒷걸음질치더니, 이내 '걸음아 나 살려라' 하고 도망가 버렸습니다.

"와, 와! 우리가 이겼다. 만세!"

동물들은 들판이 떠나가라 외쳤습니다.

"우와, 코뿔소, 정말 대단하더라. 용맹하기로 이름난 사자도 사냥꾼의 총 앞에선 슬슬 피하기만 하던데 말이야."

가장 나이 많은 사슴이 코뿔소에게 다가왔습니다.

"고맙네, 코뿔소."

"별것도 아닌데요 뭐……."

코뿔소가 겸연쩍어하며 뒷머리를 긁적였습니다. 나이 많은 사슴이 장하다는 듯 코뿔소의 어깨를 두드려 주고 나서 물었습니다.

"헌데 자네는 어떻게 그런 훌륭한 일을 할 수 있었는가?"

"그게 다 부모님이 물려주신 센 힘 때문이지요."

"코뿔소 아저씨, 힘이 뭔데요?"

어린 사슴이 물었습니다.

코뿔소는 잠깐 생각에 잠기는가 싶더니, 대답 대신 어린 사슴에게 이렇게 물었습니다.

"이 코뿔소 아저씨가 세차게 달려가서 자동차를 들이받았을 때, 자동차가 어떻게 되었지?"

"찌그러지면서 거꾸로 뒤집혔어요."

"그렇지."

코뿔소는 어린 사슴의 머리를 쓰다듬으면서 말을 계속했습니다.

"자동차의 모양을 찌그러뜨리거나 움직이고 있는 자동차를 멈추게 하는 것처럼, 물체의 모양이나 운동 상태를 변하게 하는 걸 힘이라고 한단다."

"나도 아저씨처럼 힘이 아주아주 세면 좋겠어요."

"너는 빨리 달릴 수 있지 않니? 조금만 더 크면 네가 나보다 훨씬 빨리 달릴 수 있을 거야."

어린 사슴은 기분이 좋아져서 고개를 끄덕였습니다.

여기서 잠깐만!

자, 그럼 생각해 볼까요?

이 동물들의 이야기를 보면, 힘을 주고받는 여러 상황이 나타나고 있습니다.

그럼, 힘이 작용해서 물체의 모양(형태)이 달라진 것은 어느 것일까요?

㉠ 자동차 소리가 들려 오고 있습니다.

㉡ 동물들이 몸을 숨긴 채 안타깝게 지켜보고 있습니다.

㉢ '탕' 하고 총소리가 울렸습니다.

ㄹ. 동물들이 땅바닥에 널브러진 사냥꾼을 째려보고 있습니다.
ㅁ. 코뿔소가 자동차를 들이받자, 자동차가 찌그러지면서 거꾸로 뒤집혔습니다.

❓ 궁금증 해결

 모양이 달라졌다는 것은 찌그러지거나 납작해지는 것처럼 형태가 바뀌었다는 뜻입니다.
 그러니 '코뿔소가 자동차를 들이받자, 자동차가 찌그러지면서 거꾸로 뒤집혔습니다'가 힘에 의해 물체의 모양이 변한

예겠지요.

정답은 ㉤입니다.

혼자서 생각해보기

힘은 물체의 모양만 바꾸는 것이 아니라, 운동 상태(속도)도 바꾼답니다.

그럼 동물들 이야기에서, 힘에 의해 속도가 바뀌지 않은 것은 어느 것일까요?

㉠ 조용하게 앉아 있던 새들이 하늘 높이 날아오르고 있습니다.

㉡ 사냥꾼이 도망치는 아기사슴을 향해 그물을 휙 던졌습니다.

㉢ 아기사슴이 사냥꾼이 던진 그물을 용케 피하며 더욱 빨리 달아나고 있습니다.

㉣ 코뿔소가 사냥꾼이 탄 차를 향해 점점 빠른 속도로 달려가고 있습니다.

㉤ 사냥꾼이 달아나는 어린 사슴을 향해 총을 겨누고 있습니다.

❓ 궁금증 해결

물체의 운동 상태가 바뀐다는 것은 속도가 바뀐다, 다시 말해 느려지거나 빨라진다는 뜻입니다.

앉아 있던 새들이 하늘로 날아오른다, 도망치는 사슴에게 그물을 던진다, 아기 사슴이 더욱 빨리 달아나고 있다, 코뿔소가 점점 빨리 달려가고 있다는 것은 모두 속도가 달라진 것입니다.

하지만 총을 겨누는 건 속도와는 거리가 멀지요.

그래서 정답은 ㉤이 되는 것이랍니다.

➕ 하나 더 알기

힘이 작용하면 반드시 물체의 모양(형태)이나 운동 상태(속도)가 변하게 되는데, 그런 힘을 나타낼 때는 주로 화살표를 이용합니다.

이 때 힘이 어디에서(작용점), 어느 쪽으로(방향), 얼마나 세게(크기) 작용했는가를 알아야 합니다.

여기에서 힘의 작용점, 방향, 크기를 '힘의 3요소'라고 합니다.

예를 들어, 힘이 시작하는 점에서 힘이 미치는 방향으로 화살표를 죽 그었을 때, 화살표의 길이가 힘의 크기가 된답니다. 화살표의 길이가 길수록 힘이 커지는 거죠.

사윗감이냐, 신랑감이냐

여우 마을 산기슭에 온 동네 여우들이 다 모여 있습니다.

"빡!"

"와와!"

"뚝."

"아이구!"

이게 무슨 소리냐고요? 무슨 일인지 들어 보세요.

이 마을에는 아주 영리하고 어여쁜 여우 아가씨가 산답니다. 맑고 큰 눈동자에다 온몸이 은빛 털로 곱게 덮여 있는 아름다운 여우예요.

일 년 삼백육십오 일 내내, 이 여우 아가씨의 집 앞은 꽃다발을 들고 서 있는 총각들로 붐빈답니다. 그래서 여우 아가씨는 아주 불편했습니다.

그러던 어느 날, 여우 아가씨의 아버지가 총각 여우들 앞

에서 중대 발표를 했습니다.

"내 사위가 되려면 힘이 아주 세어야 한다."

그래서 어느 여우가 힘이 센지를 가려 내려고 겨루기를 벌이게 됐습니다. 앞다리를 써서 널빤지를 누가 더 많이 부수느냐 하는 것이 여우 아가씨의 아버지가 낸 문제였습니다.

"빡!"

이 소리는 널빤지가 부서지는 소리고요.

"뚝."

이 소리는 여우의 앞다리가 부서지는 소리지요.

널빤지가 점점 두꺼워지면서 '빡!' 소리보다는 '뚝' 소리가 더 많이 들리다가, 마침내 가장 센 여우가 가려졌습니다.

겨루기에서 이긴 청년 여우는 몹시 기뻤습니다. 그도 그럴 것이, 아름다운 은빛 여우 아가씨가 이제 자기 색시가 된 것이나 마찬가지였으니까요. 이 청년 여우는 은빛 여우 아가씨의 아버지가 있는 쪽으로 걸어갔습니다. 그러고는 "장인 어른!" 하면서 넙죽 큰절을 올렸습니다.

그러자 겨루기가 계속되는 내내 달갑지 않다는 얼굴로 잠자코 있던 여우 아가씨가 손을 내저으면서 말했습니다.

"잠깐만요. 아직은 일러요."

놀란 청년 여우는 여우 아가씨를 바라보며 물었습니다.

"아니, 아직 이르다니요? 제가 당당히 일등을 하지 않았습니까? 그리고 그것은 이미 아가씨의 아버지께서도 약속하신 일이구요."

"그렇지요. 하지만 그건 저희 아버지께서 사윗감을 고르시는 겨루기였지, 제 뜻과는 상관이 없거든요. 이젠 저도 제 신랑감을 고르기 위해 문제를 하나 내야겠어요."

"……."

"와아! 그 말이 옳다!"

겨루기에서 진 총각 여우들은 여우 아가씨가 한 뜻밖의 말에 모두 기뻐하며 소리쳤습니다.

여우 아가씨는 널빤지 부수기에서 이긴 청년 여우에게 다가갔습니다. 그러고는 미리 준비해 둔 종이를 꺼내어 건네주었습니다.

"종이에 문제가 적혀 있어요. 그걸 읽고 답을 말해 보세요."

여우 아가씨는 그렇게 말하며, 청년 여우를 바라보았습니다. 하지만 청년 여우는 난감한 표정만 지을 뿐이었습니다.

"어서 종이를 펴 보세요. 그리고 답을 말해 주세요."

여우 아가씨는 부드럽게 재촉했습니다.

하지만 이번에도 청년 여우는 난감한 표정만 지을 뿐, 종이를 펼쳐 보려고 하지 않습니다.

"어서요."

여우 아가씨가 또다시 재촉했습니다.

하지만 이번에도 청년 여우의 잔뜩 찌푸린 얼굴은 여전히 풀어지지 않고 있습니다.

이 청년 여우가 왜 종이를 펴 보지도 못한 채 끙끙대고 있는 줄 아세요? 이 여우는 글을 쓰는 것은 말할 것도 없고, 읽을 줄도 모르는 까막눈이기 때문이랍니다.

힘센 청년 여우의 부모님은 돌아가시기 전에 입버릇처럼 늘 이렇게 말했답니다.

"열심히 배워야 한단다."

하지만 이 청년 여우는 부모님 말씀을 따르지 않았습니다. 말로는 학교 간다고 하면서 부모님 몰래 수업을 빼먹고 나쁜 친구들과 어울려 싸움이나 하면서 세월을 보냈지요. 그저 힘만 세면 최고인 줄 알았던 겁니다.

여우 아가씨가 마지막으로 재촉했습니다.

"어서 읽고 답을 말해 보세요."

정말 낭패로군요. 글을 읽을 줄 모르는데, 어떻게 답을 말할 수 있겠어요?

그 자리에 더 머물러 있다가는 망신만 톡톡히 당할 것이 불을 보듯 뻔했습니다. 그래서 청년 여우는 잠깐 생각 끝에 "앞다리가 아파서 병원에 가 봐야겠다."고 거짓말을 하고는 부리나케 가 버렸습니다.

그 종이에 어떤 문제가 적혀 있었는지 궁금하죠? 이런 문제였답니다.

'이 세상에서 가장 강한 힘은 어떤 힘일까?'

여러분, 그 힘이 무엇일까요?

이런 말이 있지요.

'아는 것이 힘이다.'

무엇에 대해 알려면 어떻게 해야 할까요? 그렇습니다. 열심히 책을 읽고, 생각하는 힘을 길러야 합니다. 생각하는 힘. 이것이 바로 이 세상에서 가장 강한 힘이랍니다. 우리가 이 책을 읽는 것도 바로 생각하는 힘을 기르기 위해서지요.

들리는 이야기로는, 그 뒤 청년 여우는 부모님 무덤가에 움막을 짓고 글공부를 시작했다나요.

여기서 잠깐만!

널빤지를 부수려면 힘을 주어야 합니다. 그렇다면 다음 중에서 가장 힘을 많이 주어야 하는 건 어느 것일까요? 단, 널빤지의 두께는 모두 똑같다고 합니다.

㉠ 청년 여우가 널빤지 한 개를 부술 때입니다.
㉡ 청년 여우가 널빤지 두 개를 겹쳐서 부술 때입니다.
㉢ 청년 여우가 널빤지 세 개를 겹쳐서 부술 때입니다.
㉣ 청년 여우가 널빤지 네 개를 겹쳐서 부술 때입니다.
㉤ 모두 똑같습니다.

궁금증 해결

아주 쉽지요? 널빤지가 많을수록 널빤지를 부수는 데 드는 힘이 큰 것은 당연하겠죠. 그러니 널빤지 네 개를 겹쳐서 부술 때 가장 힘이 많이 들 것입니다.

참고로, 널빤지가 부서지는 것처럼 힘을 받아서 물체의 모양이 바뀌는 것을 '변형'이라고 합니다. 물체가 많이 변형되려면, 당연히 큰 힘을 주어야 합니다.

정답은 ㉣입니다.

혼자서 생각해보기

고무줄이나 용수철을 잡아당기면 늘어나지요. 하지만 손을 놓으면 원래 모양으로 되돌아간답니다. 이처럼 힘을 받아서 변형된 물체가 다시 원래 모양으로 되돌아가려는 성질을 '탄성'이라고 합니다.

용수철이나 고무줄은 탄성이 큰 물체지요.

(1) 아는 게 힘이란 사실을 몸소 깨달은 청년 여우가 용수철을 가지고 늘이기 실험을 하고 있습니다. 힘을 많이 줄수록 용수철의 길이는 점점 더 길게 늘어나고 있습니다. 다시 말해, 용수철의 변형이 더욱 심해지고 있는 것이지요. 그렇다면 다음 그래프 가운데에서 '용수철이 늘어난 길이'와 '힘의 세기'의 관계를 가장 잘 나타낸 것은 어느 것일까요?

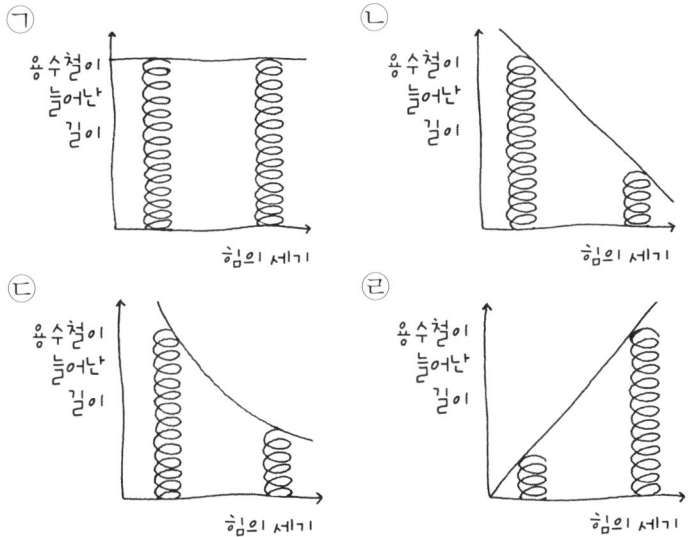

❓ 궁금증 해결

첫번째 그래프는 힘의 세기가 커져도 용수철이 변형되는 정도가 똑같습니다. 이것은 힘을 많이 줄수록 용수철의 길이가 늘어난다는 사실과는 다르지요. 그러니 정답이 될 수 없겠죠.

두 번째 그래프는 힘의 세기가 커졌는데도 용수철이 늘어나기는커녕 오히려 줄고 있습니다. 그러니 이것 역시 정답이 될 수는 없겠죠.

세 번째 그래프도 두 번째 그래프와 마찬가지 이유로 정답이 될 수 없습니다.

네 번째 그래프는 힘의 세기가 커질수록 용수철이 변형하는 정도가 더욱 커지고 있습니다. 이것은 힘을 많이 줄수록 용수철의 길이가 늘어난다는 사실과 맞습니다. 그러니 정답이 되겠지요.

정답은 ㉣입니다.

(2) 청년 여우가 이번에는 추와 용수철을 이용해서 용수철의 탄성력 실험을 하고 있습니다.

추의 무게를 달리하면서 용수철 길이가 어떻게 늘어나는

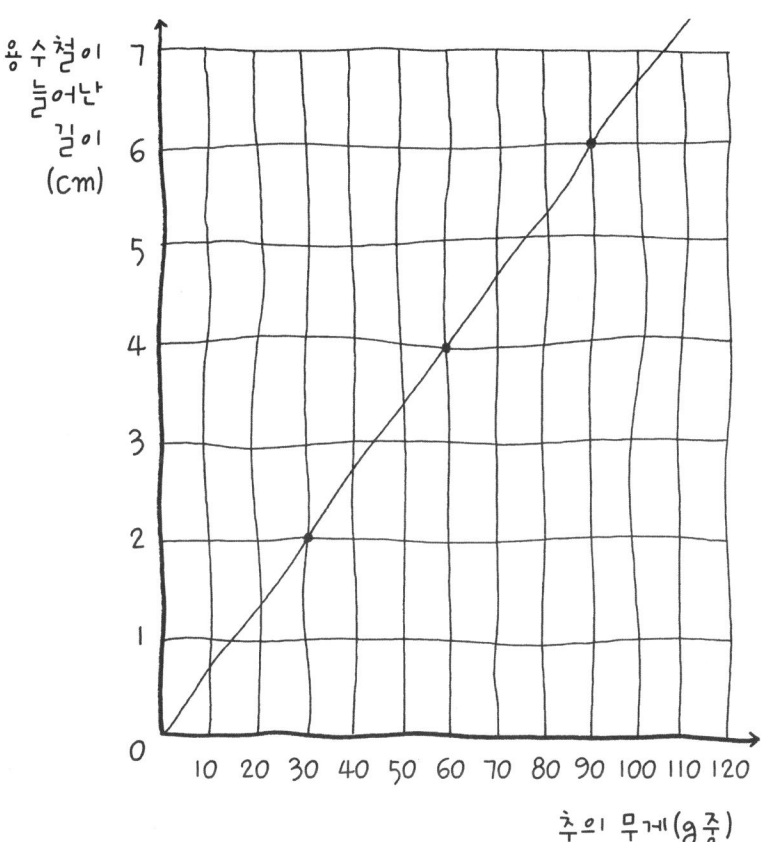

가를 조사하고 있는 것입니다.

청년 여우가 실험 결과를 그래프 위에 나타낸 다음 연결시켰더니, 위와 같은 직선 모양의 그래프가 만들어졌습니다. 그렇다면 무게가 30g중인 추를 매달았을 때, 늘어난 용수철의 길이는 얼마였을까요?

ⓐ 1cm　　　　ⓑ 2cm　　　　ⓒ 3cm

ⓓ 4cm　　　　ⓔ 5cm

❓ 궁금증 해결

추의 무게가 30g중인 곳에서 위쪽으로 선을 그으면, 직선 그래프와 만나는 점이 생깁니다. 이 점에서 옆으로 선을 그으면 용수철의 늘어난 길이와 만나게 되지요.

만난 곳의 길이가 몇 센티미터인가요? 그렇습니다. 2cm랍니다.

정답은 ⓑ입니다.

(3) 청년 여우가 이번에는 무게를 모르는 물체를 똑같은 용수철에 매달아 보았습니다.

그랬더니 6cm가 늘어났습니다. 그렇다면 물체의 무게는 얼마나 될까요?

ⓐ 30g중　　　　ⓑ 60g중　　　　ⓒ 90g중

ⓓ 100g중　　　　ⓔ 120g중

❓ 궁금증 해결

용수철의 늘어난 길이가 6cm인 곳에서 오른쪽으로 선을 그으면, 직선 그래프와 만나는 점이 생깁니다. 이 점에서 아래쪽으로 선을 그으면, 추의 무게와 만나게 되지요.

만난 곳의 무게가 몇 그램중인가요? 그렇습니다. 90g중입니다.

정답은 ㉢입니다.

➕ 하나 더 알기

용수철의 길이는 힘을 많이 줄수록 늘어납니다. 이것을 일명 '후크의 법칙'이라고 합니다. 후크의 법칙이란 용수철에 힘을 주었을 때 용수철의 길이와 힘 사이에 비례 관계가 성립한다는 것입니다. 다시 말해, 청년 여우가 '혼자서 생각해 보기'의 (1)에서 얻은 그래프 모양대로 용수철이 늘어나는 법칙이지요.

더불어 탄성체에는 '탄성한계'라는 것이 있습니다. 이것은 힘을 너무 많이 주었을 때, 탄성체가 원래 상태로 돌아오지 못하게 하는 힘을 말합니다.

예를 들어, 볼펜 속에 들어 있는 작은 용수철을 살짝 잡아 늘였다가 놓으면 원래 모양으로 되돌아갑니다. 하지만 너무 세게 늘이면 원래 모양대로 줄지 못하고 축 늘어진 채 있게 됩니다. 이것이 바로 용수철이 갖고 있는 탄성한계보다 더 센 힘을 주었기 때문에 생겨나는 일이랍니다.

배가 똑바로 가지 않아요

 오늘은 덕구네 마을에서 축구 경기가 열리는 날입니다. 아름이네 마을과 덕구네 마을이 축구 경기를 하기로 했거든요. 강을 마주 보고 있는 두 마을은 일 년에 한 번씩 번갈아가면서 축구 경기를 열고 있습니다.

 아름이네 마을 사람들은 축구 경기를 응원하러 가려고 배에 올라탔습니다. 물론 아름이도 탔지요.

 배는 덕구네 마을을 향해 푸른 강물을 가로질러 나아가고 있습니다. 그런데 아름이는 무슨 고민이 있는 것처럼 배가 출발할 때부터 한쪽 구석에서 생각에 잠겨 있었습니다. 아름이 아버지가 다가갔습니다.

 "너 어디 아프니?"

 "아니오."

 아름이가 고개를 가로저었습니다.

"그러면 무슨 고민이라도 있는 거니?"

"고민이라고 할 것까지는 없지만……."

"고민이 아니라……. 그러면 도대체 뭘까?"

"이해가 가지 않는 게 있어서요."

"아버지가 설명해 줄 수 있는 거면 좋을 텐데. 그게 뭔지 말해 주지 않으련?"

아름이는 말을 할까 말까 망설이더니, 이내 손가락으로 덕구네 집 쪽을 가리키면서 말을 꺼냈습니다.

"축구 경기가 열리는 곳이 저 쪽이 맞죠?"

"그렇지. 덕구네 집 바로 옆에 축구장이 있지."

"그러면 이 배가 그 쪽으로 가야 하는 거죠?"

"당연하고말고."

"그런데 지금 이 배는 그 쪽으로 가고 있지 않는 것 같아서요. 아니 처음부터 이 배는 축구 경기장이 있는 방향으로 가지 않고 아예 다른 쪽으로 출발을 한 것 같아요."

그제서야 아버지는 아름이가 무슨 생각을 하고 있었는지를 알고는 뿌듯한 웃음을 띠었습니다.

"우리 아름이 관찰력이 대단하구나."

"제 말이 맞는 건가요?"

"그럼. 아름이가 아주 잘 봤단다."

"그럼 이 배가 지금 축구 경기장 쪽으로 가고 있지 않는 거네요."

아름이는 그렇게 말을 해 놓고, 어딘가로 바삐 뛰어갑니다.

"아니 아름아, 너 어디 가니?"

"기관장 아저씨한테요."

"거긴 왜 가려고 하는데?"

"아이참, 아버지도. 기관장 아저씨께 얼른 말씀드려야 하잖아요. 배가 경기장 방향과는 다른 쪽으로 가고 있다고 말이에요."

그러자 아름이 아버지가 한바탕 너털웃음을 터뜨리고는 아름이를 불러 세우셨습니다.

"아름아, 여기 좀 앉아 봐라."

"더 늦기 전에 알려야 하잖아요."

아름이는 덕구네 집 옆 축구장 쪽을 안타깝게 바라보며 뛰던 걸음을 멈추었습니다.

"잠깐만 앉아 보라니까."

아름이는 할 수 없이 아버지 옆에 앉았습니다.

"아름아, 네가 관찰한 것은 옳았어. 그렇다고 해서 배가 경기장 쪽으로 가지 않는다고 생각하는 건 너무 성급한 판단이란다."

"아니, 왜요? 배가 축구 경기장 쪽으로 똑바로 가야 정확하게 도착할 수 있는 게 아닌가요?"

"그렇지. 그건 맞는 말이다."

"헌데 아버지는 왜 제 생각이 성급하다고 하세요?"

"아름이 생각은 강물이 정지해 있을 때에만 옳은 생각이기 때문이지. 그러니까 축구 경기장 쪽으로 똑바로 간 배가 정확히 축구 경기장에 도착하려면 강물이 흐르지 않고 멈추어 있어야 한단 말이지."

"강물이 흐르지 않을 때만 옳다니, 그게 무슨 뜻이에요?"

아름이가 좀더 자세히 설명해 달라는 얼굴로 물었습니다.

아름이 아버지는 주머니에서 종이 한 장을 꺼내어 공 모양이 되도록 구겼습니다. 그러고는 종이를 살짝 굴렸습니다.

"아름아, 종이가 어떻게 움직이니?"

"똑바로 움직여요."

"그렇지, 직선처럼 앞으로 곧게 나아가지. 자, 그러면 이번에는 아름이 네가 옆에서 입으로 바람을 불어 볼래?"

"종이가 굴러갈 때, 옆 쪽에서 입으로 바람을 불라구요?"

"그렇지."

"네, 알았어요."

아버지 손을 벗어난 종이가 떼구르르 구르자, 아름이가 입으로 바람을 훅 불었습니다.

"아름아, 이번에는 종이가 어떻게 움직였지?"

"옆으로 휘어졌어요."

"그렇지. 종이가 똑바로 가지 못하고 옆으로 휘어졌지. 우리가 타고 있는 배도, 바로 이런 상황을 생각해서 일부러 빗나간 방향으로 출발한 거란다."

"이런 상황이라면……?"

아름이가 알 듯 말 듯하다는 얼굴로 고개를 갸웃갸웃했습니다. 그러자 아름이 아버지가 다시 설명했습니다.

"종이가 옆으로 휘어진 이유가 뭐지?"

"옆에서 바람이 불어서요."

"그렇지. 옆 쪽에서 분 바람 때문이지. 그러면 강물이 옆 쪽에서 흐르면, 배가 어떻게 되겠니?"

"옆으로 힘을 받아 밀려요."

"그래, 바로 그거란다. 흐르는 강물 때문에 배도 어쩔 수 없이 힘을 받아서 옆 쪽으로 휘게 되는 거란다."

"아, 그렇구나! 그래서 휘어질 것을 미리 생각해서 처음부터 벗어난 방향으로 배가 출발한 거군요."

"그렇지! 바로 그게 정답이란다."

여러분도 이제는 알 수 있겠지요? 왜 배가 똑바로 출발하지 않았는지 말예요.

여기서 잠깐만!

자, 그러면 다음 그림을 보고 생각해 볼까요?

만약 아름이네 마을 사람들을 태운 배가 처음부터 축구 경

기장이 있는 덕구네 집 쪽으로 곧장 출발했다면, 배는 어느 곳에 도착할까요? 단, 강물은 왼쪽에서 오른쪽으로 흐르고 있습니다.

㉠ 배는 축구 경기장에 정확히 도착합니다.
㉡ 배는 농구 경기장 가까이에 도착합니다.
㉢ 배는 야구 경기장 가까이에 도착합니다.
㉣ 배는 배구 경기장 가까이에 도착합니다.
㉤ 배가 어느 곳에 도착할지 알 수가 없습니다.

궁금증 해결

아름이와 아버지가 나눈 이야기에서 알 수 있듯이, 강물이 흐르지 않는다면 배는 정확하게 축구 경기장에 도착할 것입니다.

하지만 강물이 흐르고 있기 때문에, 배는 힘을 받게 됩니다. 강물이 흐르는 방향으로 말이지요. 그러니 배가 강물이 흐르는 오른쪽 방향으로 힘을 받게 되어, 배구 경기장 부근에 도착하게 되는 것이랍니다.

정답은 ㉣입니다.

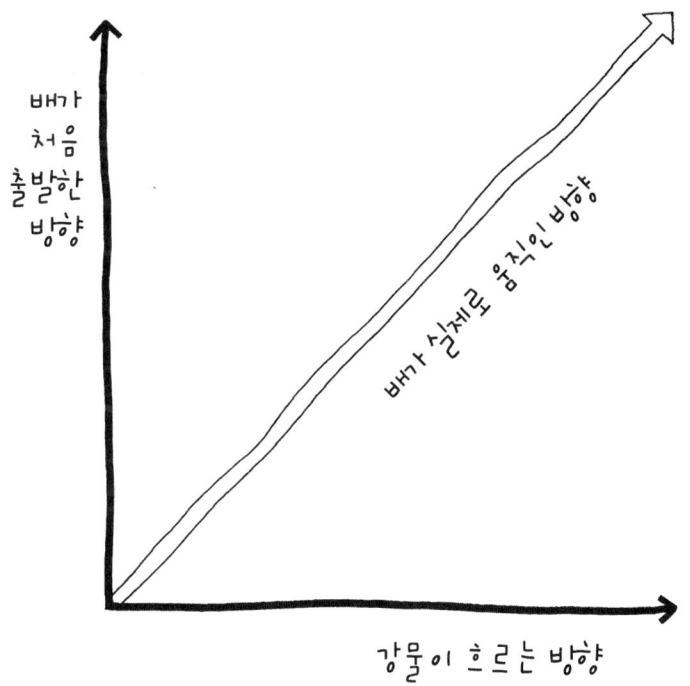

혼자서 생각해보기

만약 아름이네 마을 사람들을 태운 배가 농구 경기장이 있는 쪽으로 출발했다면, 배는 어디에 도착하게 될까요? 단, 강물은 방향이 바뀌어 오른쪽에서 왼쪽으로 흐르고 있답니다.

㉠ 배는 축구 경기장에 정확히 도착합니다.
㉡ 배는 농구 경기장 가까이에 도착합니다.

ⓒ 배는 야구 경기장 가까이에 도착합니다.
ⓔ 배는 배구 경기장 가까이에 도착합니다.
ⓜ 배가 어느 곳에 도착할지 알 수가 없습니다.

❓ 궁금증 해결

강물이 흐르지 않는다면 배는 농구 경기장에 도착할 것입니다.
하지만 강물이 흐르고 있기 때문에, 배는 왼쪽으로 떠밀리겠지요. 그래서 배는 농구 경기장보다 더 왼쪽으로 치우친 야구 경기장 가까이에 도착하게 된답니다.
정답은 ⓒ입니다.

➕ 하나 더 알기

물체에 힘을 주면 물체의 모양이 변하기도 하지만, 물체의 운동 상태가 변하기도 합니다. 변하는 물체의 운동 상태는 '속력과 방향'을 동시에 써야 정확히 나타낼 수가 있습니다.
예를 들어 '아름이네 마을 사람들을 태운 배가 시속 60km의 속력으로 동쪽으로 움직이고 있습니다'라는 식으로 표현

하는 것이지요.

  속력은 변하지 않았어도 움직이는 방향이 바뀌면, 운동 상태가 변했다고 합니다.

  속력과 방향을 함께 생각하여, 물체의 운동 상태를 나타내는 말이 '속도'입니다.

  사람들이 보통 속도와 속력을 혼동해서 쓰고 있지만, 이렇게 과학적으로는 엄연히 다른 뜻을 가지고 있지요.

우주 비행

한별이와 두별이는 꼬마 우주 비행사입니다. 이 아이들은 지금 무한성 박사님과 함께 우주선 '내일' 호에 몸을 싣고 지구 상공으로 빠르게 올라가고 있습니다. 고장난 우주 망원경을 고치려고 가는 거예요.

우주 망원경은 천체 망원경의 하나로, 우주 공간에 설치해 다른 별들을 관찰할 수 있도록 한 것입니다. 우주 망원경을 우주 공간에 설치하면 지구에서보다 더 뚜렷하게 우주에 떠 있는 온갖 별 따위를 관찰해서 더 많은 정보를 얻을 수 있습니다.

우주선이 지구 중력권을 벗어나자, 한별이와 두별이의 몸이 우주선 안에서 둥둥 떠다니기 시작합니다. 한별이와 두별이는 우주선의 창을 통해 밖을 내다보았습니다. 바로 곁에 우주 망원경이 있고, 그 둘레로 수많은 별들이 아름다운 색

깔로 빛나고 있습니다.

한별이와 두별이는 우주복으로 갈아입었습니다. 한별이가 우주선 밖으로 나가려고 하는데, 갑자기 두별이가 소리쳤습니다.

"한별아, 산소통 메야지."

"어휴, 큰일날 뻔했네!"

사람은 숨을 쉬려면 산소가 필요합니다. 그런데 우주 공간은 거의 진공에 가깝답니다. 진공이란 산소를 비롯한 공기가 전혀 없는 곳이라는 뜻이에요. 그래서 우주 공간으로 나갈 때에는 반드시 산소통을 메고 나가야 합니다. 잠수할 때 물속으로 산소통을 가지고 들어가듯이 말입니다.

한별이는 두별이에게 고맙다고 하고는 두별이의 산소통까지 들고 왔습니다.

"등 돌려 봐."

"산소통 메주려고?"

"응."

한별이는 두별이 등에 산소통을 메어 주고 자기 것을 메려고 했습니다.

"한별아, 네 건 내가 해 줄게."

"괜찮아. 혼자 할 수 있어."

"그래도 내가 해 주고 싶은걸."

그 때 이미 나갈 준비를 끝낸 무한성 박사님이 말했습니다.

"제시간에 지구로 돌아가려면 서둘러야겠구나."

서로 등에 산소통을 메어 주고 난 한별이와 두별이는 우주선과 연결한 튼튼한 줄을 몸에 붙들어 매었습니다. 우주에서 미아가 되지 않도록 하기 위해서지요.

우주 공간으로 나오자, 신이 난 한별이가 두별이를 살짝 밀었습니다. 그랬더니 두별이만 밀린 것이 아니라 한별이 자신도 뒤로 밀리는 것이었습니다.

한별이는 우주복에 장치되어 있는 통신 장치로 물어 보았습니다.

"두별아, 너를 밀었는데 왜 나도 밀리지?"

"모르겠는걸."

한별이와 두별이가 나누는 이야기를 듣고 있던 무한성 박사님이 말했습니다.

"그건 한별이가 두별이를 밀 때, 반대 방향의 힘을 얻었기 때문이란다."

"반대 방향의 힘이라니요?"

한별이가 물었습니다.

"열린 문을 발로 뻥 차면 어떻게 되지?"

무한성 박사님이 물었습니다.

"문이 닫혀요."

한별이가 말했습니다.

"그리고 또?"

"발도 아파요."

이번에는 두별이가 대답했습니다.

"그렇지. 그건 문이 반대 방향의 힘을 발한테 주었기 때문이란다. 한별이를 뒤로 밀리게 한 반대 방향의 힘이란 바로 그런 힘을 뜻하는 거지."

"네……."

두별이가 이제야 이해가 된다는 뜻으로 고개를 끄덕이고 있는데, 한별이가 물었습니다.

"그럼 누가 더 많은 힘을 받게 되나요?"

"두 사람이 받는 힘은 서로 똑같단다. 왜냐하면 한별이가 두별이를 민 힘과 똑같은 힘을 한별이도 두별이로부터 받기 때문이지."

박사님은 헛기침을 몇 번 한 뒤에 말을 계속 했습니다.

"이것을 작용과 반작용이라고 한단다."

"작용과 반작용? 그거 어디서 많이 듣던 말 같기도 한데."

한별이와 두별이가 고개를 갸우뚱거렸습니다. 그러자 무한성 박사님은 빙그레 웃으면서 다시 말을 이었습니다.

"두 물체가 서로 같은 힘을 받고 반대 방향으로 움직일 때, 이걸 '작용과 반작용의 관계'라고 한단다. 그리고 먼저 한 행동(한별이가 두별이를 민 것)을 작용, 그것에 의해서 만들어진 결과(한별이가 밀린 것)를 반작용이라고 하지."

여기서 잠깐만!

작용과 반작용은 다음의 세 가지 특징을 갖고 있답니다.

1. 둘 사이에 생기는 관계입니다.
2. 서로 똑같은 힘을 주고받습니다.
3. 반대방향으로 나타납니다.

그러면 쌍으로 작용하는 힘의 예를 하나 들어 볼까요?

사과나무에 탐스러운 사과가 주렁주렁 열려 있어요. 지구는 사과나무에 매달린 사과에게 중력을 작용시키고 있습니다. 이 때 사과가 지구에 작용하는 힘의 세기와 방향은 어떨까요? 쌍으로 작용하는 두 힘이니 크기는 똑같지만 방향은 반대겠죠.

다시 말하면 그림과 같이 사과가 매달려 있으려는 힘과 지구가 끌어당기는 힘이 같고 방향은 위 아래로 반대라는 애기예요.

작용과 반작용의 이런 특성을 곰곰이 생각하며, 다음의 자연 현상 가운데에서 작용과 반작용의 관계에 있는 쌍은 어느 것인지 모두 골라 보세요.

(가) 한별이가 탄 우주선이 가스를 내뿜는 힘과 가스가 우주선을 밀어올리는 힘.

(나) 두별이의 책상 위에 놓여 있는 책이 책상을 누르는 힘과 책상이 책을 위로 떠받치는 힘.

(다) 표면이 매끄러운 스케이트장에서 한별이가 두별이를 밀었더니, 한별이뿐만 아니라 두별이도 밀렸습니다.

(라) 음(-)의 전기와 음(-)의 전기는 서로 밀어냅니다.

㉠ (가)
㉡ (가), (나)
㉢ (가), (나), (다)
㉣ (가), (나), (다), (라)
㉤ 작용과 반작용 관계에 맞는 것은 하나도 없습니다.

궁금증 해결

(가), (나), (다), (라)에 작용과 반작용의 세 가지 특징을 하나하

나 적용하며 따져 보세요. 어떤가요?

 그렇습니다. 모두 작용과 반작용의 세 가지 특징을 잘 만족하지요.

 그래서 정답은 ㉣입니다.

혼자서 생각해보기

 한별이와 두별이는 우주 공간에서 작용과 반작용을 몸소 체험하는 기쁨에다가, 무한성 박사님을 도와 우주 망원경을 고치는 일까지 무사히 끝내고 지구로 돌아왔습니다.

 지구로 돌아온 한별이와 두별이는 우주 공간에서 공기의 고마움을 크게 느꼈기 때문에, 지구의 신선한 공기를 맘껏 들이마시려고 화창한 토요일 오후에 강으로 보트를 타러 갔습니다.

 한별이와 두별이는 경주도 해 볼 생각으로 따로따로 보트에 올라탔습니다. 그런데 경주를 하기도 전에 두별이가 탄 보트가 갑자기 기우뚱했습니다. 보트 바닥으로 강물이 새어 들어오고 있었던 것이지요.

 "한별아! 보트 바닥이 새고 있어. 빨리 밧줄 좀 던져 줘!"

 두별이가 소리쳤습니다.

한별이가 황급히 밧줄을 던져 주었고, 두별이가 밧줄을 잡았습니다. 그리고 한별이가 밧줄을 잡아당기자, 두별이도 동시에 밧줄을 당기기 시작했습니다.

자, 그러면 밧줄을 당기고 있는 두 사람 사이에는 어떤 현상이 나타날까요?

㉠ 한별이와 두별이가 탄 보트 모두 가만히 서 있습니다.
㉡ 한별이가 탄 보트만 두별이 쪽으로 끌려갑니다.
㉢ 두별이가 탄 보트만 한별이 쪽으로 끌려갑니다.
㉣ 한별이와 두별이가 탄 보트 모두 서로에게 끌려갑니다.
㉤ 한별이와 두별이가 탄 보트는 서로 멀어집니다.

❓ 궁금증 해결

한별이와 두별이가 탄 보트가 가만히 제자리에 멈춰 있을까요? 아니면 한별이나 두별이가 어느 한쪽으로만 끌려갈까요?

아니죠. 그렇지 않을 겁니다. 왜냐하면 서로 줄을 당기고 있는 한별이와 두별이는 작용과 반작용의 관계에 있기 때문이지요. 그래서 한별이가 잡아당기는만큼 두별이가 탄 보트도 한별이 쪽으로 끌리지만, 또한 반대로 한별이가 탄 보트

도 두별이 쪽으로 끌리게 되는 것이랍니다.

그래서 정답은 ㉣입니다.

하나 더 알기

작용과 반작용의 법칙을 다른 말로 '뉴턴의 제3법칙'이라고 합니다.

뉴턴의 운동 법칙에는 이것 말고도 흔히 '관성의 법칙'이라고 부르는 제1법칙과, '힘과 가속도의 법칙'에 관한 제2법칙이 있죠. 다시 말해, 뉴턴의 세 가지 운동 법칙이란 다음의 세 법칙을 일컫는답니다.

뉴턴의 제1법칙 : 관성의 법칙
뉴턴의 제2법칙 : 힘과 가속도의 법칙
뉴턴의 제3법칙 : 작용과 반작용의 법칙

앞으로 꽈당, 뒤로 꽈당

 오늘은 동물 나라의 소풍날입니다. 동물 나라는 식구들이 많아서 버스 세 대에 나눠 탔습니다. 첫 번째 버스는 느림보 거북이 아저씨, 두 번째 버스는 덜렁이 당나귀 아저씨, 세 번째 버스는 쌩쌩이 치타 아저씨가 운전을 하고 있답니다.
 버스가 출발한 지 몇 분도 지나지 않아서였습니다. 맨 마지막에서 버스를 운전하던 성미 급한 쌩쌩이 치타 아저씨가 투덜거리기 시작했습니다.
 "어휴 답답해. 저렇게 천천히 달려서 언제 가겠다는 거야."
 치타 아저씨는 도저히 더 못 참겠다는 듯이 곧바로 경적을 울려 댔습니다.
 "빵, 빵, 빵……!"
 경적 소리에 놀란 거북이 아저씨와 당나귀 아저씨가 버스를 세우고는 창 밖으로 고개를 쑥 내밀고 치타 아저씨에게 물었습니다.

"무슨 일이 생겼나?"

"일은 무슨 일, 자네들이 너무 느릿느릿 운전을 하니까, 빨리 좀 내달리라고 내가 경적을 울린 걸세."

"아니, 이보게, 시속 60km가 느리다는 말인가? 성미도 급하기는 참. 별것도 아닌 걸 가지고서 괜히 놀래키는구먼."

아저씨들은 다시 차를 출발시켰습니다.

'이젠 좀 빨리 달리겠지.'

치타 아저씨는 이렇게 생각했습니다. 하지만 거북이 아저씨와 당나귀 아저씨의 운전 속도는 달라진 것이 없었습니다.

"에이, 이젠 도저히 못 참겠어."

쌕쌕이 치타 아저씨는 이렇게 말하면서, 앞의 두 차를 씽씽 앞서 가기 시작했습니다. 그 때 치타 아저씨 바로 뒷좌석에 앉아 있던 새끼호랑이가 말했습니다.

"치타 아저씨, 나빠."

"아니 얘야, 빨리 가려고 하는데 뭐가 나쁘단 말이니?"

치타 아저씨가 운전석 위에 붙은 거울로 새끼호랑이를 바라보며 물었습니다.

"그럼 빨리 가기 위해서라면 교통 규칙을 마음대로 어겨도 된다는 뜻이에요?"

새끼호랑이 옆에 앉아 있던 원숭이가 끼여들었습니다.
"이 곳은 앞지르기 금지 구역인데다 속도 제한 구역이에요. 거북이 아저씨와 당나귀 아저씨가 운전하는 빠르기가 제한 속도라구요."
원숭이가 말하자 치타 아저씨는 할 말이 없었습니다. 하지만 치타 아저씨는 여전히 속도를 늦추지는 않았습니다.
그 때였습니다.
"아기다람쥐다!"
맨 앞자리에 앉은 새끼사자가 소리쳤습니다.
그 소리에 놀란 치타 아저씨가 재빨리 브레이크를 꽉 밟았습니다.
"끼이이익!"
다행히도 아기다람쥐는 가까스로 버스에 치이지 않았습니다. 하지만 버스 안 통로에 서서 장난을 치고 있던 토끼와 돼지가 넘어져서 다칠 뻔했습니다.

여기서 잠깐만!

자, 그러면 생각해 볼까요?
버스 통로 중간에서 장난을 치던 토끼와 돼지는 어느 방향으로 넘어졌을까요?

㉠ 버스가 움직이는 쪽으로 넘어졌습니다.

㉡ 버스가 움직이는 반대쪽으로 넘어졌습니다.

㉢ 버스가 움직이는 오른쪽으로 넘어졌습니다.

㉣ 버스가 움직이는 왼쪽으로 넘어졌습니다.

㉤ 버스가 움직이는 반대쪽으로 비스듬히 넘어졌습니다.

궁금증 해결

토끼와 돼지가 어느 쪽으로 넘어졌는지 살펴보기 전에, 반드시 짚고 넘어가야 할 것이 있습니다.

횡단보도가 아닌 곳에서는 절대로 함부로 건너서는 안 된다는 사실입니다.

운이 좋게도 치타 아저씨가 재빠르게 브레이크를 밟았기에 망정이지, 그렇지 않았다면 정말 큰일이 났을 것입니다. 여러분도 이 점은 꼭꼭 지켜 주시기 바랍니다.

자, 그러면 토끼와 돼지가 어느 쪽으로 넘어졌는지 생각해 봅시다.

모든 물체는 운동 상태를 계속 유지하려고 하는 성질이 있습니다. 다시 말하면, 달리고 있는 것은 계속 달리려 하고,

멈추어 있는 것은 계속 멈추어 있으려고 하는 것이지요. 이것을 '관성'이라고 한답니다.

이런 관성의 특성을 치타 아저씨가 운전하는 버스에 적용해 보면, 버스 안에 타고 있던 모든 동물들도 달리는 버스와 함께 같은 방향으로 움직이려고 할 것입니다. 달리는 건 계속 달리려고 하는 것이 관성의 특성이기 때문이지요.

그런데 달리던 버스가 갑자기 서 버리면, 어떻겠어요? 앞으로 계속 달리려고 하는데 갑자기 서 버리니, 당연히 몸이 앞으로 쏠릴 수밖에요. 그래서 토끼와 돼지는 앞으로 넘어지게 되는 것이랍니다.

정답은 ㉠입니다.

혼자서 생각해보기

치타 아저씨는 아기다람쥐가 무사히 지나가고 나서 다시 차를 출발시켰습니다.

"자, 출발한다."

말이 떨어지기가 무섭게 쌕쌕이 치타 아저씨는 잘못된 운전 버릇을 여전히 버리지 못하고 급가속 페달을 밟았습니다.

이 때 '쿵' 하는 소리가 또 들렸습니다. 버스가 급히 멈추면서 앞으로 넘어졌던 토끼와 돼지가, 다시 장난치려고 버스 가운데 섰다가 또 넘어진 것이었습니다.

토끼와 돼지가 이번에는 어느 쪽으로 넘어졌을까요?

㉠ 이번에도 버스가 움직이는 쪽으로 넘어졌습니다.
㉡ 이번에는 버스가 움직이는 반대쪽으로 넘어졌습니다.
㉢ 버스가 움직이는 오른쪽으로 넘어졌습니다.
㉣ 버스가 움직이는 왼쪽으로 넘어졌습니다.
㉤ 버스가 움직이는 반대쪽으로 비스듬히 넘어졌습니다.

❓ 궁금증 해결

토끼와 돼지는 버스가 멈춰 있는 동안, 정지해 있으려는 관성을 갖게 되었습니다.

그런데 갑자기 버스가 출발하려고 하니, 어떻게 됐겠어요? 몸은 제자리에 멈추어 있으려고 하는데 버스는 앞으로 나가려고 하니, 토끼와 돼지는 자연히 뒤로 쏠리는 힘을 받을 수밖에 없지요.

그래서 토끼와 돼지는 버스가 달리는 반대쪽으로 넘어지게 되는 것이랍니다.

정답은 ㉡입니다.

하나 더 알기

'물체에는 운동 상태를 계속 유지하려는 성질이 있다'는 것을 관성의 법칙 또는 뉴턴의 제1법칙이라고 합니다. 움직이는 상태를 계속 유지하려는 관성의 예와, 정지 상태를 유지하려는 관성의 예를 두 가지씩 만 알아볼까요?

■ 움직이는 상태를 계속 유지하려는 관성의 예
(1) 칼끝을 위로, 손잡이를 밑으로 하고, 칼 손잡이를 바닥에 툭 내리치면 칼날이 손잡이에 더욱 깊이 박힙니다.
(2) 삽으로 흙을 힘껏 떠올리다가 멈추면 흙만 공중으로 떠오르며 떨어집니다.

(1)　　　　　　　(2)

■ 정지 상태를 계속 유지하려는 관성의 예

(1) 차례대로 쌓여 있는 벽돌의 중간 부분을 망치로 힘껏 때리면, 망치로 맞은 벽돌만 튀어 나가고 나머지 벽돌은 그대로 쌓여 있습니다.

(2) 옷을 털면 옷에 묻어 있던 먼지가 떨어져나갑니다.

(1)   (2)

박치기 대회

이 곳은 코뿔소 마을입니다.

"와, 와, 와, 와……!"

이게 무슨 소리냐고요? 응원하는 소리랍니다. 마을의 모든 코뿔소들이 두 편으로 나뉘어서, 코뿔소 두 마리를 힘차게 응원하는 함성을 지르고 있습니다.

몸집이 우람하고 기운이 센 코뿔소 두 마리가 마을 공터 한 가운데를 사이에 두고 마주 보고 서 있습니다. 이 코뿔소들이 벌이는 경기는 박치기 대회입니다.

두 코뿔소가 서로 멀리 떨어져 있다가 심판의 출발 신호에 맞춰 달려와서 부딪쳤을 때, 뒤로 밀리지 않는 코뿔소가 이기는 거예요.

이번 경기는 결승전이어서, 여기에서 이기면 전세계 코뿔소들이 모여 힘을 겨루는 월드컵 박치기 대회에 나갈 수 있게 된답니다.

  곧 대회가 시작될 것 같자, 이미 둘로 갈라져 있던 마을의 코뿔소들이 더 응원에 열을 올렸습니다.

  "갈색 코뿔소 이겨라! 갈색, 갈색, 와와와!"

  "검정 코뿔소 이겨라! 검정, 검정, 와와와!"

  심판이 두 코뿔소를 가운데로 불러 주의할 점을 말해 주고는 제자리로 가라고 지시했습니다. 그러자 두 코뿔소가 50m씩 뒤로 물러났습니다.

  "준비!"

  심판의 신호가 떨어지자, 두 코뿔소가 단단한 각오를 하듯이 뿔을 곧추세우며 출발 준비를 했습니다. 그와 동시에 모두가 긴장하며 조용해졌습니다.

  "시작!"

  심판의 출발 신호에 맞추어 두 코뿔소가 무시무시한 힘으로 서로를 향해 달리기 시작했습니다. 응원단도 선수들의 기세에 질세라 열띠게 응원했지요.

  "이 세상에 갈색이 없으면 무슨 재미로~. 해가 떠도 갈색, 달이 떠도 갈색, 갈색이 최고야!"

  "아니야, 아니야, 검정이 최고야!"

  응원가가 절정에 이르렀을 때, 마침내 두 코뿔소가 맞부딪

쳤습니다.

"꽝!"

여기서 잠깐만!

자, 그럼 생각해 볼까요?

두 코뿔소 가운데 어느 코뿔소가 뒤로 밀렸을까요?

질량이 200kg인 갈색 코뿔소는 초속 20m로 달려왔고, 300kg인 검정 코뿔소는 초속 10m로 달려왔습니다.

㉠ 갈색 코뿔소가 뒤로 밀렸습니다.
㉡ 검정 코뿔소가 뒤로 밀렸습니다.
㉢ 두 코뿔소는 누구도 밀리지 않았습니다.
㉣ 두 코뿔소가 같은 거리만큼 뒤로 밀렸습니다
㉤ 이것만으로는 어떤 코뿔소가 밀렸는지 도저히 알 수가 없습니다.

궁금증 해결

검정 코뿔소가 더 무거우니까, 당연히 갈색 코뿔소가 뒤로 밀렸을 거라고요?

갈색 코뿔소가 더 빨리 달렸기 때문에, 검정 코뿔소가 뒤로 밀렸을 거라고요?

뒤로 밀린 코뿔소는 검정 코뿔소입니다. 하지만 그 이유가 갈색 코뿔소가 더 빨리 달려왔기 때문은 아니랍니다.

우리는 모든 물체가 원래의 운동 상태를 그대로 유지하려는 성질을 갖고 있다는 걸 알고 있습니다. 그런데 그런 성질을 가진 물체끼리 부딪치면 어느 쪽이 이길까요?

먼저, 두 가지로 나누어서 생각해 봅시다.

첫째, 질량이 200kg인 코뿔소와 300kg인 코뿔소가 같은 속도로 마주 달려오다가 부딪쳤습니다. 이 때 어느 쪽이 뒤로 밀릴까요? 속도가 같으니 비교할 수 있는 것은 질량일 테고, 당연히 질량이 작은 쪽이 뒤로 밀릴 것입니다.

둘째, 질량이 같은 두 코뿔소가 한쪽은 초속 10m로, 또 다른 한쪽은 초속 20m로 마주 달려오다가 부딪쳤습니다. 이 때는 어느 쪽이 뒤로 밀릴까요? 질량이 같으니 비교 대상은 속도일 테고, 속도가 느린 쪽이 뒤로 밀릴 것입니다.

이 두 가지 예로부터 무엇을 알 수 있나요?

그렇습니다. 질량과 속도 가운데 하나만 생각해서는 안 되고, 함께 생각해야 한다는 것이지요.

질량과 속도를 통해, 물체의 운동 상태가 큰지 작은지를 나타내는 것이 '운동량'입니다. 물체의 운동량은 질량에다 속도를 곱한 양이지요. 이렇게 말입니다.

운동량 = 질량 × 속력

이 식대로라면, 갈색 코뿔소와 검정 코뿔소의 운동량은 다음과 같지요.

갈색 코뿔소의 운동량 : 200 × 20 = 4,000
검정 코뿔소의 운동량 : 300 × 10 = 3,000

갈색 코뿔소의 운동량이 검정 코뿔소보다 더 크네요. 그래서 운동량이 작은 검정 코뿔소가 뒤로 밀린 것이랍니다.

정답은 ㉡입니다.

혼자서 생각해보기

갈색 코뿔소는 세계 대회에 나가서도 계속 잘 싸워서 마침내 결승에 올라갔습니다. 갈색 코뿔소의 결승 상대자는 지난 대회 우승자인 흑갈색 코뿔소였습니다.

드디어 대회가 시작되고, 갈색 코뿔소와 흑갈색 코뿔소가 힘차게 달려와서 맞부딪쳤습니다. 부딪치는 순간, 200kg인 갈색 코뿔소는 초속 30m로 달려왔고, 250kg인 흑갈색 코뿔소는 초속 25m로 달려왔습니다.

어느 코뿔소가 뒤로 밀렸을까요?

㉠ 갈색 코뿔소가 뒤로 밀렸습니다.

㉡ 흑갈색 코뿔소가 뒤로 밀렸습니다.

㉢ 두 코뿔소는 누구도 밀리지 않았습니다.

㉣ 두 코뿔소가 같은 거리만큼 뒤로 밀렸습니다

㉤ 이것만으로는 어떤 코뿔소가 밀렸는지 도저히 알 수가 없습니다.

❓ 궁금증 해결

갈색 코뿔소와 흑갈색 코뿔소의 운동량은 다음과 같습니다.

갈색 코뿔소의 운동량 : 200 × 30 = 6,000
흑갈색 코뿔소의 운동량 : 250 × 25 = 6,250

비록 속력은 느렸지만, 운동량은 흑갈색 코뿔소가 조금 더 크네요. 그러니 운동량의 세기가 조금 못 미치는 갈색 코뿔소가 조금 뒤로 밀릴 수밖에요.
정답은 ㉠입니다.

⭐ 하나 더 알기

우리는 운동량을 알아보면서
갈색 코뿔소의 운동량 : 200×20=4,000
검정 코뿔소의 운동량 : 300×10=3,000
이라고만 표현했습니다.

그런데 이건 어디까지나 알기 쉽게 나타낸 것으로서, 결코 옳은 표현은 아니랍니다. 왜냐하면 여기에는 운동량의 단위가 빠져 있기 때문이지요.

"질량이 얼마예요?"

라고 물을 때

"30이에요."

라고 대답하면, 30g이라는 뜻인지 30kg이라는 뜻인지 정확히 알 수가 없겠지요.

과학을 공부하는 사람이라면 당연히 이런 어처구니없는 실수를 해서는 안 되겠죠.

운동량은 '질량×속력'이라고 했습니다. 그러니 운동량의

단위는 질량과 속력의 단위를 곱하면 될 것입니다.

다시 말해, 질량의 단위는 킬로그램(kg)이고, 속력의 단위는 미터/초(m/s)니까 운동량의 단위는 '킬로그램미터/초(kgm/s)'가 된답니다.

따라서 운동량은 이렇게 나타내는 게 옳은 표현이겠지요.

갈색 코뿔소의 운동량 : 200kg × 20m/s = 4,000kgm/s
검정 코뿔소의 운동량 : 300kg × 10m/s = 3,000kgm/s

구슬치기

어떤 친구가 하는 이야기를 한번 들어 볼까요?

저는 행복하지 못한 아이랍니다. 한마디로 말해서, 불행하다고 볼 수가 있겠죠. 하기 싫은 것을 억지로 해야 하니까 말이에요.

지나치게 극성스러운 엄마 때문에 너무나 힘들어요. 제가 얼마나 지쳐가고 있는지 한번 들어 볼래요?

컴퓨터 학원, 미술 학원, 속셈 학원, 웅변 학원, 피아노 학원, 서예 학원, 태권도장, 수영장.

이게 모두 지금 제가 다니고 있는 곳이랍니다. 제 몸이 열 개라도 모자랄 지경이에요. 물론 학원에서 공부하는 게 꼭 나쁘다는 건 아니에요. 하지만 적성에도 맞지 않는 것까지 제 뜻과는 전혀 관계없이 무조건 해야 한다는 게 힘들어요.

그러니 학원에는 매일 가도(안 다닐 수가 없거든요. 하루라도 빠지는 날이면 엄마한테 혼이 나니까요), 좋은 결과가 있겠어요? 지친 몸을 겨우 책상에 붙인 채 눈만 끔벅거리고 있을 뿐인데요.

대체 저는 어쩌면 좋을까요?

정말 안타까운 일입니다. 열심히 뛰어놀 나이인데, 무거운 책가방을 둘러메고 가기 싫은 학원에 억지로 가야 하는 우리 친구의 모습이 너무도 안쓰럽군요.

하지만 이것 말고도 제가 몹시 안타깝게 여기는 것 하나가 있습니다. 놀이 문화에 관한 거예요.

요즘 우리 친구들은 놀이라고 하면 컴퓨터 게임을 금세 떠올릴 것입니다. 동네나 학교 앞에 있는 피씨방은 말할 것 없고, 거의 집집마다 한 대씩은 갖춰 놓고 있는 개인용 컴퓨터를 이용한 컴퓨터 게임 말입니다.

물론 컴퓨터 게임이 꼭 나쁘다는 건 아닙니다. 게임에 아무 생각 없이 푹 빠지는 걸 두려워할 뿐입니다. 특히 화면 위에 나타나는 것들을 아무런 거리낌 없이 부수고 죽이는 게임이 마구 넘쳐 나는 걸 걱정한다는 것입니다.

실제 세계가 아니라 컴퓨터 속이라고는 하지만, 우리 친구들이 아무런 생각 없이 컴퓨터 화면에 나타나는 인물들을 마구마구 죽이는 모습을 지켜보고 있자면, 아찔해지고 섬뜩해

질 때가 한두 번이 아니랍니다.

"뭐 오락인데요."

이렇게 간단히 대답해 버리는 친구들도 있겠지요. 하지만 그게 결코 그렇게 간단히 얼버무릴 문제가 아니랍니다.

"비디오에서 사람을 죽이는 모습을 보고서 저도 한번 따라서 해 본 거예요."

사람을 죽이고 나서 아무런 죄책감도 느끼지 못하는 어느 소년이, 왜 죽였느냐고 경찰관이 묻자 이렇게 대답했습니다.

이처럼 밥먹듯이 사람을 죽이는 컴퓨터 게임을 많이 하다 보면, 옳은 것과 그른 것에 대한 판단력이 몹시 흐려지게 됩니다.

비록 진짜 사람을 죽이는 것은 아니더라도, 싸우고 죽이는 컴퓨터 게임을 자주 하다 보면, 사람을 죽여도 괜찮다는 생각이 머릿속에 자연스럽게 박히게 된답니다.

이런 컴퓨터 오락 말고도 우리 친구들이 모여서 재미있게 할 수 있는 놀이가 많이 있습니다. 구슬치기, 딱지치기, 자치기, 땅따먹기, 윷놀이, 널뛰기 같은 것들이요.

윷놀이나 널뛰기는 대개 알고 있겠지만, 구슬치기는 어떻게 하는 놀이인지 아는 친구들이 그리 많지 않을 것입니다.

구슬치기는 여러 종류가 있지만, 한 가지 예를 들어 보면 이렇습니다.

땅바닥에 삼각형이나 사각형을 그리고 그 안에 구슬을 집어넣습니다. 그러고는 멀리 떨어져서 구슬을 굴려, 삼각형이나 사각형 안에 들어 있는 구슬을 맞힙니다. 그래서 맞힌 구슬과 맞은 구슬이 모두 삼각형이나 사각형 밖으로 나오면 이기는 놀이지요.

여기서 잠깐만!

구슬치기 이야기가 나온 김에, 그와 관련된 문제를 하나 생각해 보도록 할까요?
땅에 그려 놓은 삼각형 안에 작은 구슬이 한 개 있습니다. 덜렁이가 10m쯤 떨어진 곳에서, 삼각형 속의 작은 구슬보다 열 배쯤 큰 왕구슬을 굴렸습니다. 곧 두 구슬이 맞부딪쳤습니다.
작은 구슬과 왕구슬의 속력은 어떻게 변할까요?
㉠ 두 구슬 모두 왕구슬이 굴러온 속력보다 엄청 느리게 움직입니다.
㉡ 왕구슬은 굴러온 속력과 비슷하게, 작은 구슬은 왕구슬

이 굴러온 속력보다 더욱 빠르게 움직입니다.

ⓒ 왕구슬은 굴러온 속력보다 빠르게, 작은 구슬은 왕구슬이 굴러온 속력보다 훨씬 느리게 움직입니다.

ⓒ 왕구슬은 굴러온 속력보다 훨씬 느리게, 작은 구슬은 왕구슬이 굴러온 속력보다 더욱 빠르게 움직입니다.

ⓒ 두 구슬 모두 왕구슬이 굴러온 속력보다 훨씬 빠르게 움직입니다.

❓ 궁금증 해결

　질량이 큰 물체와 질량이 작은 물체가 맞부딪치면, 질량이 큰 물체는 거의 충격을 받지 않지만 질량이 작은 물체는 큰 충격을 받습니다. 질량이 큰 물체는 운동량이 더 크기 때문이지요.

　생각해 보세요. 뚱땡이 천하장사 아저씨가 달려와서, 허약하기 이를 데 없는 연약이와 충돌하면 어떻게 되겠어요? 천하장사 아저씨는 거의 충격을 받지 않겠지만, 연약이는 굉장히 큰 충격을 받을 게 뻔하지요.

　이와 마찬가지 이유로, 왕구슬이 정지해 있는 작은 구슬과 충돌하면, 왕구슬은 별 충격을 받지 않아 속력에 거의 변화가 없지만, 작은 구슬은 큰 충격을 받아 빠른 속력으로 움직이게 된답니다.

　정답은 ⓒ입니다.

😊 혼자서 생각해보기

　땅에 그려 놓은 사각형 안에 엄청나게 큰 왕구슬이 한 개 놓여 있습니다.

덜렁이가 10m쯤 떨어진 곳에서, 이번에는 왕구슬보다 100분의 1쯤 작은 구슬을 굴렸습니다. 곧 두 구슬이 부딪쳤습니다. 두 구슬의 속력은 어떻게 변할까요?

㉠ 두 구슬 모두 작은 구슬이 굴러온 속력보다 아주 느리게 움직입니다.

㉡ 작은 구슬은 굴러온 속력과 비슷하게, 왕구슬은 작은 구슬이 굴러온 속력보다 더욱 빠르게 움직입니다.

㉢ 작은 구슬은 굴러온 속력과 비슷하게 튕겨 나가고, 왕구슬은 작은 구슬보다 훨씬 느리게 움직입니다.

㉣ 두 구슬 모두 왕구슬이 굴러온 속력보다 훨씬 빠르게 움직입니다.

㉤ 두 구슬 모두 부딪치자마자 멈춰 버립니다.

? 궁금증 해결

질량이 큰 물체와 작은 물체가 맞부딪치는 경우, 움직이는 물체가 어느 것이고 멈춰 있는 물체가 어느 것이냐에 따라서 부딪친 뒤의 상황은 아주 달라집니다.

이 문제처럼, 질량이 작은 물체가 움직이고 질량이 큰 물체가 멈춰 있으면, 질량이 작은 물체는 질량이 큰 물체에 충격을 조금밖에 줄 수가 없습니다. 질량이 작은 물체는 운동량이 작기 때문이지요.

예를 들어 볼까요? 연약이가 달려와서 뚱땡이 천하장사 아저씨와 부딪쳤다고 가정해 보세요. 어떻게 되겠어요?

그렇습니다. 연약이는 충격에 못 이겨 뒤로 나자빠지겠지만, 뚱땡이 천하장사 아저씨는 꿈쩍도 하지 않을 겁니다.

이와 마찬가지 이유로, 작은 구슬이 가만히 있는 왕구슬과 부딪치면, 왕구슬은 별 충격을 받지 않아 속력에 거의 변화가 없지만, 작은 구슬은 큰 충격을 받아 달려오던 속력과 엇비슷한 속력으로 도로 튕겨 나가게 되는 거지요.

정답은 ⓒ입니다.

하나 더 알기

우리는 이 이야기에서 왕구슬과 작은 구슬이 부딪치는 경우에 대해 생각해 보았습니다.

그러면 질량이 똑같은 경우, 다시 말해 작은 구슬과 작은 구슬, 또는 왕구슬과 왕구슬이 맞부딪치면 속력은 어떻게 변할까요?

질량이 똑같은 두 물체가 맞부딪치면 움직이는 물체가 지니고 있던 운동량 전부가 멈춰 있던 물체에 전달됩니다. 그래서 두 물체의 운동 상태는 완전히 뒤바뀌게 되는 것이지요. 다시 말해, 움직이고 있던 물체는 곧바로 멈추고, 멈춰

있던 물체는 달려온 물체의 속력으로 움직이게 된다는 말입니다.

예를 들어, 질량이 똑같은 노란색 왕구슬이 멈춰 있는 빨간색 왕구슬과 맞부딪치면, 노란색 왕구슬은 멈추고 빨간색 왕구슬은 노란색 왕구슬이 달려온 속력으로 움직이게 되는 것이지요.

덜렁이 봉순경

봉순경의 별명은 '덜렁이'랍니다. 덜렁대는 성격 때문에 친구들이 붙여 준 별명이지요. 그런 성격 때문에 실수를 많이 하지만, 그래도 봉순경의 똑똑한 머리만큼은 알 만한 사람들은 다 알고 있지요.

어느 날 봉순경은 고속도로로 속도 위반 차량을 단속하러 나갔습니다. 이번에도 덜렁대는 성격 때문에, 봉순경은 난처하게 됐답니다. 자동차가 달리는 속력을 알아 내는 데 없어서는 안 되는 장비인 스피드건을 깜빡 잊고 가져오지 않았던 것입니다.

"아이구, 이 일을 어쩐다. 그렇다고 스피드건을 가지러 돌아갈 수도 없구."

봉순경이 스피드건을 가져오지 않았다는 사실을 알아채기라도 한 듯, 오늘따라 자동차들이 고속도로를 마구 달리고 있군요. 눈대중으로 대충 살펴도, 열에 아홉은 속도 위반을 하고 있는 것이 분명했습니다. 하지만 어쩔 수가 없었습니다. 증거를 들이댈 수가 없으니까요. 스피드건을 가져왔다면, 속도 위반을 한 운전자에게 스피드건에 나타난 숫자를 보란 듯이 보여 주면서 자신 있게 벌금을 물릴 수 있을 텐데 말입니다.

자동차들은 시간이 갈수록 더욱 빨리 내달리는 것 같습니다. 마치 나를 잡을 테면 잡아 보라는 식으로 봉순경 앞을 씽씽 지나가고 있는 것이지요.

봉순경은 약이 오를 대로 올랐습니다. 교통 경찰관의 자존심이 여지없이 구겨져 버린 것이지요. 허탈한 기분으로 고속 도로 갓길을 걷던 봉순경의 눈에 전신주가 확 들어오며, 순간 머리에 퍼뜩 스치는 아이디어가 있었습니다.

"그래, 바로 저거야!"

봉순경의 재치 있고 똑똑한 머리가 드디어 움직이기 시작한 것입니다.

봉순경은 전신주들이 똑같은 간격을 두고 늘어서 있다는 사실을 알았습니다. 전신주들은 고속 도로 옆에 고르게 세워져 있는데, 그 간격은 20m였습니다. 바로 이 사실을 이용해서, 자동차의 속력을 잴 수 있다는 생각이 봉순경의 머리에 떠올랐던 것이지요.

　봉순경 앞으로 고속버스 한 대가 지나가고 있습니다. 봉순경은 일단 똑똑한 머리로 고속버스의 차량 번호를 외웠습니다. 속도를 위반한 사실이 확인되었을 때를 대비하기 위해서지요.

　그러고 나서 봉순경은 곧바로 시간을 쟀습니다. 고속버스가, 봉순경이 출발 지점이라고 마음 속으로 점찍은 전신주를 지나는 순간부터 20번째 되는 전신주를 지날 때까지의 시간을 재는 것입니다. 그러니까 봉순경이 출발 지점이라고 생각한 전신주는 개수에 포함하지 않는 것이지요. 시간은 정확하게 10초였습니다.

✋ 여기서 잠깐만!

　자, 그러면 생각해 볼까요?
(1) 봉순경이 생각한 방법으로 정말 고속버스의 속력을 잴 수 있을까요?
　㉠ 물론 잴 수 있습니다.
　㉡ 절대 못 잽니다.
　㉢ 잴 수도 있고, 그렇지 않을 수도 있습니다.

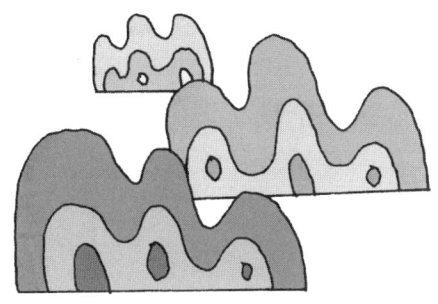

🅰 궁금증 해결

 전신주를 이용해서 고속버스의 속력을 재려는 생각은 물론 실현 가능한 훌륭한 생각이지요.
 봉순경이 어떻게 고속버스의 속력을 알아 내는지 그 방법이 몹시 궁금하다고요? 그럼 빨리 다음 글을 읽어 보세요.
 정답은 ㉠입니다.

(2) 봉순경이 전신주를 이용해서 알아 낸 고속버스의 속력은 얼마나 될까요? 단, '초속 1m'란 1초 동안에 1m를 달리는 속력이랍니다.
  ㉠ 초속 5m로 달리고 있는 중입니다.
  ㉡ 초속 10m로 달리고 있는 중입니다.
  ㉢ 초속 40m로 달리고 있는 중입니다.
  ㉣ 초속 50m로 달리고 있는 중입니다.
  ㉤ 초속 100m로 달리고 있는 중입니다.

🅰 궁금증 해결

 물체의 속력은, 움직인 거리를 그 동안의 시간으로 나누면 구할 수가 있습니다. 이렇게 말입니다.

속력 = 움직인 거리 ÷ 시간

10초 동안 전신주 20개를 지나갔으므로, 그 동안 고속버스는 400m의 거리를 달린 격입니다. 왜냐하면 전신주 한 개 사이의 간격은 20m여서, 20m×20=400m이기 때문입니다.

그렇다면 고속버스의 속력은, 400m의 거리를 10초로 나눈

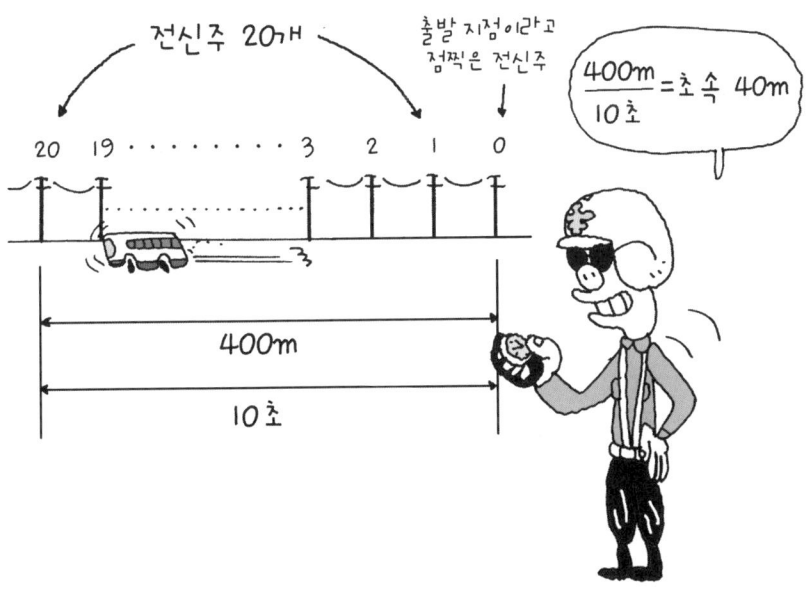

값이 될 것입니다.

고속버스의 속력 = 400m ÷ 10초

이렇게 해서 고속버스의 속력은 초속 40m가 되는 것이랍니다.

정답은 ㉢입니다.

혼자서 생각해보기

(1) 만약 전신주가 20개가 아니라 50개였다면, 고속버스의 속력은 어떻게 되었을까요?

다시 말해서, 전신주가 20개였을 때 봉순경이 잰 고속버스의 속력과, 50개였을 때 계산한 값이 같겠느냐는 겁니다. 어떨 것 같은가요?

단, 전신주는 여전히 20m 간격으로 고르게 서 있고, 고속버스는 같은 속력으로 움직이고 있다고 생각합니다.

㉠ 당연히 전신주 20개를 지난 경우와 똑같습니다.

㉡ 전신주 20개 사이의 거리를 이용한 경우보다 속도가 2배 반 빨라집니다.

ⓒ 전신주 20개 사이의 거리를 이용한 경우보다 속도가 2배 반 느려집니다.

ⓔ 전신주 20개 사이의 거리를 이용한 경우보다 속도가 5배 빨라집니다.

ⓜ 전신주 20개 사이의 거리를 이용한 경우보다 속도가 5배 느려집니다.

궁금증 해결

고속버스의 속력을 알기 위해 굳이 전신주가 20개여야만 할 필요는 없답니다. 전신주가 고르게 배열해 있고, 고속버스가 같은 속력으로 움직이고 있다면, 전신주의 개수가 20개여도 좋고, 50개여도 괜찮다는 말입니다.

그렇다면 정말 그런지 자세하게 알아보죠.

고속버스가 전신주 20개를 지나가는 데 걸린 시간이 10초였으므로, 전신주 1개를 지나가는 데 걸린 시간은 0.5초($\frac{10초}{20개}=0.5$)입니다. 그러니 전신주 50개를 지나가는 데 걸린 시간은 50개×0.5초=25초가 될 겁니다.

그리고 전신주 1개 사이의 간격이 20m이므로, 전신주 50개 사이의 간격은 20m×50개=1,000m가 됩니다.

따라서 고속버스의 속력은 거리 1,000m를 시간 25초로 나누면 얻을 수 있을 겁니다. 이렇게 말이지요.

$$고속버스의 속력 = \frac{1,000m}{25초}$$

이렇게 해서, 이 역시 속력은 초속 40m가 된답니다. 이것은 전신주가 20개일 때 구한 속력과 똑같은 값이지요.

정답은 ㉠입니다.

⑵ 한 걸음 더 나아가서, 전신주의 개수가 100개로 늘어도 고속버스의 속력은 초속 40m가 될까요?

단, 이번에도 전신주는 여전히 20m 간격으로 고르게 늘어서 있고, 고속버스는 같은 속력으로 움직이고 있다고 가정합니다.

㉠ 물론 그렇습니다.

㉡ 이번 경우는 그렇지 않습니다.

㉢ 그럴 수도 있고, 그렇지 않을 수도 있습니다.

? 궁금증 해결

물론 전신주의 수와 상관없이 배열 간격이 똑같고, 고속버스가 같은 빠르기로 달린다면, 속력은 똑같을 겁니다.

계산을 해 볼까요?

고속버스가 전신주 50개 사이를 지나가는 데 시간이 25초가 걸렸습니다. 그러므로 고속버스가 전신주 100개 사이를 지나가는 데에는, 25초의 2배인 50초가 걸릴 겁니다.

그리고 전신주 1개 사이의 간격이 20m이므로, 전신주 100개의 거리는 20m에 100을 곱한 2,000m가 될 것입니다.

따라서 고속버스의 속력은 2,000m를 50초로 나누면 구할 수 있을 것입니다. 이렇게 말입니다.

$$\text{고속버스의 속력} = \frac{2,000m}{50초}$$

이렇게 해서 고속버스의 속력이 초속 40m가 되었습니다.

예상했던 대로 세 경우 모두에서 얻어 낸 고속버스의 속력이 모두 똑같습니다.

정답은 ㉠입니다.

➕ 하나 더 알기

우리는 이 이야기에서 속력을 '초속 몇 미터'라고 표현했습니다.

그렇지만 보통 속력을 나타낼 때에는 이렇게 표현하지 않고 속력의 단위를 사용합니다.

속력은 움직인 거리를 그 동안의 시간으로 나눈 값이므로, 속력의 단위는 거리를 나타내는 미터나 센티미터를 시간인 초(s)로 나누면 됩니다.

다시 말해, 속력의 단위는 미터/초(m/s)나 센티미터/초(cm/s)가 되는 것이지요.

따라서 초속 40m를 속력의 단위를 사용해서 나타내면 이렇게 쓸 수가 있습니다.

$$초속\ 40m = 40m/s$$

속력에는 꼭 초속만 있는 게 아니랍니다. 분속도 있고 시속도 있답니다.

분속은 1분(min), 시속은 1시간(h) 동안 얼마만큼의 거리를 달릴 수 있느냐를 뜻하는 양이지요.

시속 60km, 분속 1km, 초속 30m를 속력의 단위를 사용해서 나타내면 다음과 같습니다.

시속 60km = 60km/시 = 60km/h
분속 1km = 1km/분 = 1km/min
초속 30m = 30m/초 = 30m/s

현대인 길동이

　여기에서 나오는 길동이가 홍길동이냐고요? 아닙니다. 만약 동에 번쩍 서에 번쩍 하는 진짜 홍길동이라면, 서울에서 부산까지 순식간에 왔다 갔다 할 수 있을 것입니다.
　하지만 안타깝게도 이 이야기 속의 인물은 옛날의 신출귀몰한 홍길동이 아니라, 현대인 김길동이랍니다.
　길동이는 지금 부산에 살고 계시는 할아버지 댁에 가느라고 기차를 타고 있습니다. 언제부터 졸기 시작했는지 알 수 없지만, 길동이는 침까지 흘리면서 단잠을 자고 있군요.
　시간이 얼마나 흘렀을까요? 김밥 장수 아저씨가 "김밥이요, 김밥!" 하고 외치는 바람에 길동이의 꿀 같은 단잠이 날아가 버렸지요.
　그 때였습니다. 길동이 또래의 여자 아이가 다가왔습니다. 그 아이는 길동이 앞의 빈 자리를 가리키며 물었습니다.

"앉아도 되니?"

길동이는 얼른 가방을 치우고 자리를 내주었습니다.

"나는 영심이야. 네 이름은 뭐니?"

길동이가 이름을 말하려는데 뱃속에서 '꼬르륵, 꼬르륵' 하는 소리가 요란하게 흘러나왔습니다. 영심이가 그 소리를 듣더니 까르르 웃었습니다.

"너 배가 몹시 고픈 모양이구나?"

얼굴이 새빨개진 길동이가 얼른 김밥 장수 아저씨를 불렀습니다.

"아저씨, 김밥 얼마예요?"

"이천 원이란다."

길동이는 재빨리 바지 주머니에서 천 원짜리 두 장을 꺼내면서 아저씨에게 물었습니다.

"아저씨, 지금 몇 시예요?"

"12시 30분이다."

그렇다면 부산역에 세 시 도착 예정이니, 앞으로도 두 시간 반을 더 가야 했습니다.

영심이가 겨우 김밥 서너 개를 먹는 동안, 길동이는 자기 몫의 김밥을 게눈 감추듯이 먹어치워 버렸습니다.

그리고 난 길동이 입에서 졸리다는 소리인지 지겹다는 소리인지 알 수 없는 소리가 튀어나왔습니다.

"아……, 아이구……."

서너 시간 넘게 기차에 앉아 있으려니, 사실 지루하기도 하겠죠. 하지만 참을 줄도 알아야 하지 않겠어요? 중국이나 러시아 사람들은 일주일씩이나 쉬지 않고 기차를 탄다고 합니다. 그런데 이제 겨우 두 시간 남짓 기차를 타고서 지루해 하다니요.

여하튼 지루해 하는 길동이의 말벗이 되려고 영심이가 말을 건넸습니다.

"우리가 타고 있는 기차가 지금 시속 몇 킬로미터로 달리고 있을 것 같니?"

"속도계가 없는데 그걸 어떻게 알아?"

"창 밖의 가로수를 이용하면 되지 않을까? 지금 창 밖의 가로수는 25m 간격으로 심어져 있는데."

"그러니까, 지나간 가로수의 개수와 그 때까지의 시간을 재어서 알아 낸다는 뜻이니?"

"그렇지!"

영심이가 오른손 엄지와 검지손가락을 동그랗게 말아 보였습니다.

영심이와 길동이는 기차가 가로수 10개를 지나는 시간을 손목 시계로 재었고, 10초가 걸렸다는 사실을 알아 냈습니다. 단, 영심이와 길동이가 시간을 재기 시작한 순간의 가로수는 개수에 포함되지 않는답니다. 그러니까, 〈8장 덜렁이 봉순경〉에서 봉순경이 출발 지점이라고 생각한 전봇대를 개수에 포함하지 않은 것과 마찬가지지요.

✋ 여기서 잠깐만!

(1) 자, 그러면 생각해 볼까요?
  길동이와 영심이가 타고 있는 부산행 기차는 시속 몇 킬로미터로 달리고 있는 걸까요?
  ㉠ 시속 30km   ㉡ 시속 50km
  ㉢ 시속 90km   ㉣ 시속 100km
  ㉤ 시속 120km

❓ 궁금증 해결

〈덜렁이 봉순경〉을 읽은 여러분은 금방 계산해 낼 수 있겠지요?
  길동이는 공책을 꺼내서 계산을 하기 시작했습니다.

> 가로수의 간격이 25m니까,
> 가로수 10개를 지나면 250m이고
> 그 동안 달린 시간이 10초였으니까
> 250m ÷ 10 = 25m이므로
> 기차는 초속 25m로 달리고 있구나.

그런데 1분은 60초니까

기차가 1분 동안에 움직인 거리는

25m × 60초 = 1,500m이므로

기차의 속력은 분속 1,500m가 된다.

그리고 1시간은 60분이므로

기차가 1시간 동안 달린 거리는

1,500m × 60분 = 90,000m = 90km가 되므로

기차의 시속은 90km가 되는구나!

정답은 ㉢입니다.

(2) 계산을 마친 길동이는 의기양양하여 공책을 영심이에게 자랑스럽게 보여 주면서 말했습니다.

"시속 90km야."

"나도 시속 90km가 나왔는데."

영심이도 계산한 종이를 길동이 앞에 내놓았습니다.

그렇게 길동이와 영심이가 산뜻하게 계산을 끝내고, 답을 맞춘 기쁨에 잠시 취해 있는데, 뒷자리에서 소리가 들렸습니다.

"고속전철이다!"

그 말을 듣는 순간, 길동이와 영심이는 누가 먼저랄 것도 없이 창 밖을 보았습니다.

"와! 굉장히 빠르다!"

열심히 바라보던 길동이가 감탄하듯 말했습니다.

뒤에서 따라오던 고속전철은 순식간에 길동이와 영심이가 타고 있는 부산행 기차를 앞질러 가기 시작했습니다.

그러자 영심이가 길동이를 흘긋 쳐다보며 말했습니다.

"고속전철이야말로 현대판 홍길동이구나! 10초 동안에 가로수를 무려 20개나 지나쳐 갔어!"

고속전철의 속력은 얼마나 될까요?

㉠ 시속 90km ㉡ 시속 180km
㉢ 시속 200km ㉣ 시속 250km
㉤ 시속 300km

궁금증 해결

어렵게 생각할 필요가 없답니다. 굳이 복잡하게 계산을 하지 않아도 된다는 뜻입니다.

왜냐고요? 길동이가 이미 앞에서 계산을 다 해 놓았기 때문이지요.

길동이는 창 밖의 가로수를 이용하여 기차의 속력이 '시속 90km'라는 사실을 알아 냈습니다. 그런데 그 속력은 10초 동안에 가로수 10개를 지나는 속력이었습니다.

그러니 10초 동안에 가로수 20개를 지나는 고속전철은 이보다 두 배 빠른 속력이 되어야 할 것입니다. 그래서 고속전철의 속력이 '시속 180km'라는 사실을 쉽게 알 수 있는 것이랍니다.

정답은 ⓒ입니다.

(3) "그거야 뭐, 계산해 볼 필요도 없지. 우리가 탄 기차보다 두 배 빠르니까 시속 180km가 되겠지."

길동이는 자신 있게 대답했습니다.

그렇습니다. 길동이와 영심이가 탄 기차의 속도는 시속 90km이고, 고속전철은 시속 180km지요.

그러면 여기에서 생각을 조금 바꿔 보지요.

시속 90km의 기차에 탄 영심이와 길동이는 순식간에 달려가는 고속전철을 쳐다보았습니다. 영심이와 길동이의 눈에 고속전철은 시속 몇 킬로미터로 달리고 있는 것처럼 보일까요?

㉠ 멈춰 있는 것처럼 보입니다.

ⓒ 시속 20km로 달리고 있는 것처럼 보입니다.

ⓒ 시속 90km로 달리고 있는 것처럼 보입니다.

ⓒ 시속 120km로 달리고 있는 것처럼 보입니다.

ⓒ 시속 180km로 달리고 있는 것처럼 보입니다.

❓ 궁금증 해결

길동이와 영심이가 탄 기차도 멈춰 있고, 고속전철도 멈춰 있다면, 길동이와 영심이에게 고속전철은 멈춰 있는 것처럼 보일 테지요.

당연하다고요? 그럼 다음의 경우는 어떻게 되나요?

길동이와 영심이가 탄 부산행 기차와 고속전철이 똑같은 속력과 같은 방향으로 움직이고 있습니다. 길동이와 영심이에게 고속전철은 얼마의 속력으로 달리고 있는 것처럼 보일까요?

"그야 물론, 멈춰 있는 것처럼 보입니다."

이번에도 이렇게 말할 수 있는 어린이가 많았으면 좋겠습니다.

그렇습니다. 같은 방향으로 똑같은 속력으로 움직이고 있는 두 기차는 서로에게 멈춰 있는 것처럼 보인답니다.

두 친구가 자전거를 타고, 같은 길을 같은 속력으로 달린다고 생각해 보세요. 서로에게 두 사람은 움직이지 않은 것처럼 보일 겁니다. 물론 자전거를 타고 있지 않은 사람에게는 그 둘이 빠르게 내달리고 있는 것으로 보이겠지요.

그런데 이 문제는 길동이와 영심이가 탄 기차와 고속전철의 속력이 똑같지가 않습니다. 길동이와 영심이가 탄 기차가

고속전철보다 느리게 움직이고 있지요. 그러니 길동이와 영심이에게 고속전철은 빠르게 움직이고 있는 것으로 보이겠지요.

하지만 빠르게 보이는 정도가 시속 180km는 아닐 테고, 분명히 그보다는 느릴 겁니다. 왜냐하면 길동이와 영심이도 시속 90km로 달리고 있는 기차에 타고 있으니까요. 그것도 같은 방향으로 달리는 기차에 말이죠.

그러면 길동이와 영심이에게 고속전철은 얼마만큼 빠르게 느껴질까요?

길동이와 영심이가 느끼는 고속전철의 속력은 자기들이 탄 기차의 속력을 빼야 한답니다. 다시 말해, 시속 180km에서 시속 90km를 빼야 하는 거지요. 그래서 고속전철은 시속 90km로 움직이는 것처럼 보이게 된답니다.

정답은 ㉢입니다.

혼자서 생각해보기

"아하, 그래서 시속 90km가 되는구나!"

길동이는 기차 안이 떠나갈 듯이 소리쳤습니다. 별것도 아닌 걸 가지고 뭘 그렇게 야단스럽게 구느냐고요?

하지만 저는 길동이 마음을 충분히 이해할 수가 있답니다. 아무리 생각하고 생각해 봐도 풀리지 않던 과학이나 수학 문제가 어느 한 순간 산뜻하게 풀린 적이 있는 학생이라면, 길동이의 이 기분을 충분히 이해할 수 있을 겁니다. 그 때의 그 기쁨이란 말로는 도저히 나타내기 힘든 것이지요.

여하튼 길동이가 이렇게 외치는 바람에, 옆에서 코를 드르렁드르렁 골면서 잠을 자던 아저씨가 깜짝 놀라 눈을 번쩍 떴습니다.

"아니 무슨 사고라도 났니?"

아저씨가 허둥지둥 물었습니다. 그 아저씨가 무척 놀라긴 놀랐나 봅니다. 안경이 떨어지는 것도 모르고 있네요. 곧 더듬더듬 안경을 찾아 쓰면서 아저씨가 말했습니다.

"애들아, 무슨 일이니?"

길동이는 그 때까지 있었던 일을 얘기했습니다. 그러자 아저씨가 빙그레 웃었습니다.

"아주 대단한 것을 알아 냈구나. 자연에서 일어나는 현상을 관찰해서 그 속에 숨어 있는 이유나 원리를 알아 내는 것은 참 훌륭한 일이란다."

아저씨의 칭찬에 길동이는 좀 쑥스러워져서 창 밖으로 눈길을 돌렸습니다.

그러자 아저씨가 물었습니다.

"얘들아, 전신주가 어떻게 보이니?"

"움직이는 것처럼 보여요."

길동이가 대답했습니다.

"그렇지. 하지만 전신주가 정말로 움직이는 건 아니란다. 단지 그렇게 느껴질 뿐이지."

"왜 그런 느낌을 받게 되죠?"

영심이가 몹시 궁금하다는 듯 물어 보았습니다.

"그걸 이해하기 위해서는 상대적이란 것이 무엇인지 알아야만……."

아저씨가 말을 채 끝내기도 전에, 길동이가 얼른 끼여들었습니다.

"상대적이 뭔데요?"

"쉽게 말해서, 상대적이란 이쪽에서 봤을 때와 저쪽에서 봤을 때의 느낌이 다른 걸 뜻한단다."

그렇게 설명을 하고 나서, 아저씨는 좌석 아래에 내려놓았던 가방을 들었습니다. 그러고는 대뜸 물었습니다.

"길동이가 앉아 있는 쪽에서 가방을 보면 어떤 모양으로 보이지?"

"네모난 걸로 보이는데요."

길동이가 가방을 쳐다보면서 대답했습니다.

"그러면 네 앞자리에 앉은 사람이 이 가방을 보면 어떤 모양으로 보일까?"

"세모로 보이네요."

길동이 앞자리에 앉은 영심이가 얼른 대답했습니다.

"그래. 바로 이것과 같은 이치란다. 같은 가방이지만, 어느

쪽에서 보느냐에 따라 모양이나 느낌이 달라지는 것을 '상대적'이라고 한단다."

그렇다면 길동이와 영심이가 느끼는 부산행 기차의 속력과, 고속전철에 탄 사람이 느끼는 부산행 기차의 속력은 다를 겁니다.

방금 전 고속전철에 탄 사람이 길동이와 영심이가 탄 기차를 보았을 때, 부산행 기차는 얼마의 속력으로 움직인다고 느꼈을까요?

㉠ 시속 -120km로 움직이는 것처럼 느꼈을 것입니다.
㉡ 시속 -90km로 움직이는 것처럼 느꼈을 것입니다.
㉢ 시속 -20km로 움직이는 것처럼 느꼈을 것입니다.
㉣ 멈춰 있는 것처럼 느꼈을 것입니다.
㉤ 시속 120km로 움직이는 것처럼 느꼈을 것입니다.

❓ 궁금증 해결

고속전철이 부산행 기차보다 훨씬 빠르기 때문에, 고속전철에 탄 사람은 부산행 기차가 뒤로 움직이는 것처럼 보이게 됩니다.

고속전철에 탄 사람이 느끼는 부산행 기차의 속력은, 영심이와 길동이가 탄 기차에서 고속전철의 속력을 뺀 빠르기가 될 것입니다. 다시 말해, 시속 90km에서 시속 180km를 뺀 속력이란 뜻이지요.

그래서 고속전철에 탄 사람이 본 부산행 열차의 속력은 시속 -90km로 달리고 있는 것처럼 보이게 되는 것입니다.

-90km의 '-'는 속력이 0km 이하라는 의미가 아니라, 고속전철보다 90km 느리게 움직이고 있다는 뜻이랍니다.

정답은 ㉡입니다.

+1 하나 더 알기

멈춰 있는 사람이 아니라 움직이는 사람이 물체를 바라보면, 그 사람이 어떤 속도로 달리느냐에 따라서 물체의 속도가 다르게 느껴지는데, 이것을 '상대속도'라고 합니다.

상대속도는 이렇게 정의하지요.

상대속도 = 상대방의 속도 - 자신의 속도

다시 생각해 본 토끼와 거북이

흥부전을 모르는 어린이는 없겠죠? 욕심쟁이 형 놀부와 착한 동생 흥부의 이야기 말이에요.

옛날, 아니 얼마 전까지만 해도, 사람들은 대개 흥부는 착한 사람, 놀부는 나쁜 사람이라고만 생각했습니다. 그런데 요즘에는 다르게 해석하려는 사람이 더러 있습니다. 흥부는 능력 없는 사람, 놀부는 능력 있는 사람으로 말이에요.

능력도 없으면서 자식만 주르르 많이 낳아 놓고, 형인 놀부네 집에 가서 밥이나 얻어 먹으려고 한 흥부의 행동이 옳지 못하다고 생각하는 것이지요.

그렇다면 이솝 이야기의 토끼와 거북이도 다시 생각해 볼 수 있을 겁니다.

햇볕이 따스한 어느 날, 거북이 한 마리가 어기적어기적 산책을 즐기고 있었습니다. 거북이는 걸음이 워낙 느리잖아요. 그러다가 거북이는 토끼를 만났습니다.

거북이와 토끼는 예전에 몇 번 만난 적이 있어서 서로 아는 사이였습니다.

하지만 거북이는 토끼와 만난 것이 그다지 달갑지 않았답니다. 만날 때마다 토끼가 늘 이렇게 비웃었기 때문이지요.

"거북아, 지금 어디 가니?"

"산책중이야."

"네 주제에 무슨 산책이냐, 하하하!"

"뭐가 그렇게 우습니?"

거북이가 발끈 성을 냈습니다. 그러자 토끼가 말했습니다.

"그렇게 짧은 다리로 산책을 한다는 게 우습잖아. 먼 곳에 간다거나 빨리 달린다는 건 아예 엄두도 내지 못하겠지."

"내 다리가 어떻다는 거야?"

"됐어. 그냥 못 들은 걸로 해. 하지만 네 다리를 다리라고 부를 수 있을지, 난 그게 의심스러울 뿐이야. 낄낄."

거북이도 더는 참을 수가 없었습니다.

"내가 못 할 줄 알아? 나도 너처럼 잘 뛸 수 있어."

"푸하하하……."

토끼는 배를 움켜잡고 웃지 않을 수 없었습니다. 그러자 화

가 머리끝까지 치밀어오른 거북이가 이런 제안을 내놓았습니다.

"그렇다면 우리 달리기 경주를 해서 누가 더 빠른지 내기 하자!"

"아니, 그 우습게 생긴 다리로 달리기를 하겠다는 거야? 히히히."

토끼는 여전히 빈정거리는 듯한 웃음을 입가에 지어 보이며 말을 이었습니다.

"이건 현실이라구. 이솝 이야기에 나오는 그런 일은 절대로 일어날 수가 없는 엄연한 현실이라구. 그래도 경주를 하겠니?"

"물론!"

"그렇다면 할 수 없지."

토끼는 의기양양하게 거북이의 제안을 받아들였습니다.

"내가 지면 금 일 킬로그램을 내놓겠어."

"정말?"

토끼가 화들짝 반겼습니다.

'와, 조금 있으면 금 일 킬로그램이 저절로 들어오겠구나!'

거북이가 앞산 꼭대기에 있는 소나무를 가리켰습니다.

"여기에서 저 산꼭대기에 있는 나무까지 누가 먼저 가는지

해 보자구."

"좋아!"

토끼는 아무래도 좋다는 반응이었습니다. 그렇게 해서 토끼와 거북이의 경주가 시작되었습니다.

얼마나 달렸을까? 열심히 달리던 토끼가 잠시 멈추더니, 뒤를 흘끗 돌아보았습니다. 예상했던 대로 거북이는 보이지도 않았습니다.

"자존심은 있어 가지고……. 아무리 그래도 그렇지, 거북이 주제에 감히 토끼한테 달리기 경주를 하자고 덤벼? 어리석기는……. 어휴, 더워라. 여기 그늘도 있고 하니, 좀 쉬면서 땀이나 식히고 가야지."

산중턱을 오르면서 토끼는 이렇게 중얼거리고는 나무 그늘에 편안히 누웠습니다. 그리고는 낮잠을 맛있게 자기 시작했지요.

한편 거북이는 조금도 쉬지 않고, 땀을 뻘뻘 흘리며 산을 오르고 또 올랐습니다.

어린이 여러분, 이 이야기의 끝이 어떻게 되었을까요?

당연히 토끼가 이겼지요. 이솝 이야기에서는 잔꾀 부리지 말고 부지런해야 한다는 것을 알려 주려고 거북이가 이긴 것으로 이야기했지만, 사실 있을 수 있는 일인가요?

토끼가 낮잠을 자고 있는 동안 거북이는 쉬지 않고 산을 올랐지만, 토끼가 잠에서 깨어났을 때에도 겨우 산중턱을 오르고 있었을 뿐이지요. 토끼는 다시 몸을 추스르고 잽싸게 내달려 산꼭대기까지 올라갔어요.

이처럼 이솝 이야기와는 전혀 다르게, 토끼와 거북이가 달리기 경주를 하면 토끼가 이기리라는 건 너무도 당연한 결과입니다.

질 것이 뻔한데도 거북이가 화가 난 나머지 이성을 잃고 토끼에게 달리기 경주를 하자고 한 건 과연 현명한 제안이었을까요?

절대 그렇지 않겠죠. 질 것이 뻔한 경주를 하자는 것은 합리적이지도 현명하지도 못한 어리석은 행동일 뿐입니다. 정말 거북이가 토끼보다 빨리 달리고 싶었다면, 머리를 써서 이겨야 했을 것입니다.

사람은 말이나 치타보다 빨리 달리지는 못하지만, 자동차를 만들어서 더 빨리 달릴 수 있게 되었잖아요. 이처럼 거북이도 새로운 방법으로 토끼를 이길 수 있는 방법을 짰어야 할 것입니다. 계란을 던져서 바위를 깨겠다는 식으로 해서는 안 된다는 겁니다.

여기서 잠깐만!

자, 그러면 이제 다시 돌아와서, 문제를 생각해 볼까요?

토끼가 낮잠을 잔 곳까지 올라오는 데에는 40분이 걸렸고, 그 곳에서 다시 산꼭대기까지 올라가는 데에는 20분이 걸렸습니다.

그러면서 토끼는 처음 40분 동안은 시속 6km로 달렸고, 나중 20분은 시속 12km로 내달렸습니다.

그렇다면 토끼가 산꼭대기까지 오르는 데 걸린 60분 동안 달린 속력을 평균으로 따지면 얼마나 될까요?

㉠ 시속 6km보다 느린 속력입니다.

㉡ 시속 6km보다는 빠르고, 시속 10km보다는 느린 속력입니다.

㉢ 시속 10km보다는 빠르고, 시속 12km보다는 느린 속력입니다.

㉣ 시속 12km보다는 빠르고, 시속 18km보다는 느린 속력입니다.

㉤ 시속 18km보다 빠른 속력입니다.

? 궁금증 해결

토끼가 산중턱까지는 시속 6km, 그 곳에서 산꼭대기까지는 다시 시속 12km로 달렸기 때문에, 토끼의 속력은 시속 6km라 할 수도 없고, 시속 12km라 할 수도 없답니다. 그래서 평균속력이 필요한 것이지요.

평균이라고 하니까, 대뜸 시속 6km와 시속 12km를 더해서 2로 나누는 것을 생각할 수도 있겠네요. 하지만 이건 너무 성급한 판단입니다. 왜냐하면 토끼가 시속 6km와 시속 12km로 달린 시간이 똑같지 않기 때문이지요.

만약 토끼가 산중턱과 그 곳에서 다시 산꼭대기까지 오르는 데 모두 똑같이 30분이 걸렸다면, 토끼의 평균속력은 당연히 시속 6km와 시속 12km를 더해서 2로 나눈 시속 9km가 될 것입니다.

하지만 토끼가 그렇게 간단히 움직이지 않았으니, 이를 어떻게 해결할까요? 이런 경우의 평균속력은 이렇게 구한답니다. 먼저 토끼가 40분과 20분 동안 움직인 거리를 알아야 합니다.

속력의 정의가 어떻게 되지요? 그렇습니다. 거리를 시간으로 나눈 값이지요. 이렇게 말입니다.

$$속력 = \frac{거리}{시간}$$

이 식을 거리에 대한 식으로 바꾸면, 거리는 속력과 시간을 곱하면 된답니다.

거리 = 속력 × 시간

이제 거리를 알 수 있는 공식이 만들어졌으니, 이 공식을 가지고 토끼가 40분과 20분 동안 움직인 거리를 알아보죠.

1시간은 60분이기 때문에, 40분과 20분은 $\frac{2}{3}$시간과 $\frac{1}{3}$시간입니다. 그러므로 40분과 20분 동안 움직인 거리는 다음과 같게 됩니다.

40분 동안 움직인 거리 : (시속 6km) × ($\frac{2}{3}$시간) = 4km

20분 동안 움직인 거리 : (시속 12km) × ($\frac{1}{3}$시간) = 4km

속력은 움직인 거리를 그 동안의 시간으로 나누면 구할 수 있으니, 움직인 거리 4km와 4km를 합하여, 그 동안 걸린 1시간으로 나누면 토끼의 평균속력을 얻을 수 있을 것입니다. 이렇게 말이지요.

토끼의 평균속력 = (4km + 4km) ÷ 1시간 = 8km/시

이렇게 해서 토끼의 평균속력은 시속 8km가 된답니다.

그래서 정답은 ⓒ 입니다.

😊 혼자서 생각해보기

산꼭대기에서 승리의 기쁨을 맘껏 누린 토끼가 이제는 산을 내려가려고 합니다. 경치도 구경할 겸 해서 50분 동안은 조금 느릿느릿하게 내려왔습니다. 그러고는 얼추 구경이 다 끝났다 싶을 즈음 단 10분 만에 쏜살같이 달려서 산을 내려왔습니다.

토끼가 50분 동안은 시속 3km, 그 뒤 10분 동안은 시속 18km로 움직였다면, 평균속력은 얼마나 될까요?

㉠ 시속 3km보다 느린 속력입니다.

㉡ 시속 3km보다는 빠르고, 시속 12km보다는 느린 속력입니다.

㉢ 시속 12km보다는 빠르고, 시속 15km보다는 느린 속력입니다.

㉣ 시속 15km보다는 빠르고, 시속 18km보다는 느린 속력입니다.

㉤ 시속 18km보다 빠른 속력입니다.

❓ 궁금증 해결

토끼는 50분($\frac{5}{6}$시간) 동안은 시속 3km, 그 뒤 10분($\frac{1}{6}$시간) 동안은 시속 18km로 달렸으므로, 거리 공식(거리=속력×시간)을 이용하면, 그 동안 움직인 거리는 이렇게 됩니다.

토끼가 50분 동안 움직인 거리 :
(시속 3km)×($\frac{5}{6}$시간)=2.5km

토끼가 10분 동안 움직인 거리 :
(시속 18km)×($\frac{1}{6}$시간)=3km

이제 토끼의 평균속력은 2.5km와 3km를 합해 1시간으로 나누면 됩니다.

토끼의 평균속력=(2.5km+3km)÷1시간=5.5km/시

이렇게 해서 토끼의 평균속력은 시속 5.5km라는 사실을 알았답니다.

그러니 정답은 ⓒ입니다.

하나 더 알기

'여기서 잠깐만!' 과 '혼자서 생각해보기' 에서 토끼가 움직인 거리를 계산하면서, 우리는 거리 공식을 이용했습니다.

헌데 거리 공식을 모른다면, 어떻게 해야 할까요? 방법이 없으니, 어쩔 수 없이 그냥 넘어가야겠다고요? 그래선 안 되겠지요. 거리 공식을 몰라도 알아 낼 수 있는 방법이 있답니다. 그럼 그 방법을 설명해 보겠습니다.

'여기서 잠깐만!' 에서 토끼는 처음 40분 동안은 시속 6km, 나중 20분 동안은 시속 12km로 달렸습니다.

시속 6km는 한 시간 동안 6km를 달릴 수 있는 속력이지요. 이것은 10분 동안에 1km를 달릴 수 있다는 뜻이랍니다. 왜냐하면 1시간은 60분이니까, 6km를 6으로 나누면 1km가 되기 때문입니다. 그러니 토끼가 40분 동안 움직인 거리는 1km의 4배인 4km가 되겠지요.

그리고 시속 12km는 한 시간 동안 12km를 달릴 수 있는 속력입니다. 이것은 10분 동안 2km를 달릴 수 있다는 뜻이지요. 왜냐하면 1시간은 60분이니까, 12km를 6으로 나누면 2km가 되기 때문입니다.

그래서 토끼가 20분 동안 움직인 거리는 2km의 2배인 4km가 되는 것이랍니다.

'혼자서 생각해보기'에서 토끼는 처음 50분 동안은 시속 3km, 나중 10분 동안은 시속 18km로 내달렸습니다.

시속 3km는 한 시간 동안 3km를 달릴 수 있는 속력이지요. 이것은 10분 동안에 0.5km를 달릴 수 있다는 뜻이랍니다. 왜냐하면 1시간은 60분이니까, 3km를 6으로 나누면 0.5km가 되기 때문입니다.

그러니 토끼가 50분 동안 움직인 거리는 0.5km의 5배인 2.5km가 되겠지요.

그리고 시속 18km는 한 시간 동안 18km를 달릴 수 있는 속력입니다. 이것은 10분 동안 3km를 달릴 수 있다는 뜻이지요. 왜냐하면 1시간은 60분이니까, 18km를 6으로 나누면 3km가 되기 때문입니다.

그래서 토끼가 10분 동안 움직인 거리는 3km가 되는 것이랍니다.

더불어 '여기서 잠깐만!'과 '혼자서 생각해보기'에서 구한 토끼의 평균속력을 분속이나 초속으로 알고 싶다면 어떻게 해야 할까요?

그렇습니다. 분속으로 바꾸고 싶으면, 60분(1시간은 60분)으로 나누면 되고, 초속으로 바꾸고 싶으면 3,600초(1시간은 3,600초)로 나누면 된답니다.

두더지 땅굴파기

　오늘은 딸랑동산에 모여 살고 있는 두더지들의 운동회날입니다. 왜 딸랑동산이냐고요?

　이 곳에 사는 두더지들은 모두 딸랑딸랑 소리가 나는 방울을 목에 달고 있기 때문이랍니다. 혹시 뱀이나 매 같은 동물이 나타났을 때, 위험을 빨리 알리려고 소리 나는 방울을 그렇게 매달고 다니는 것이지요.

　두더지들은 부부끼리 이어달리기도 했고, 가족끼리 줄다리기도 했습니다.

　이제 남은 경기는 오늘 운동회의 꽃인 '두더지 땅굴파기'입니다. 이 경기에는 절대로 어겨서는 안 되는 규칙이 하나 있습니다.

　그것은 땅굴을 파 나가되, 땅 속에 있는 개미집을 반드시 거쳐 가야 한다는 것입니다.

다시 말하면, 출발점에서 땅굴을 판 두더지는 땅 속에 있는 개미집까지 파고 들어간 다음, 거기에서 다시 땅굴을 파서 나와야 하는 겁니다.

예선전과 준결승전을 무사히 통과한 두더지 네 마리가 마지막 결승전에 올라왔습니다. 두더지들은 등에다 각각 1에서 4까지 번호를 달았습니다.

그런데 알고 봤더니, 결승전에 올라온 두더지들 네 마리의 땅굴 파는 속도가 모두 똑같았습니다. 정말 난처한 일이 아닐 수 없었습니다.

경기를 하면 두더지 네 마리가 똑같이 일등을 할 테니까, 이들을 모두 공동 일등으로 하자는 의견도 있었습니다. 하지만 그렇게 해서는 안 된다는 의견이 더 많았기 때문에, 그 의견은 받아들여지지 않았습니다.

이렇게 우왕좌왕해 봐야 아무런 도움도 되지 못한다고 판단한 심판관들이 모여서 회의를 시작했습니다. 오랜 시간 동안 논의한 끝에, 심판관 가운데 가장 뚱뚱한 심판관이 다음과 같이 경기를 치르겠다고 발표했습니다.

"결승전에 올라온 두더지들의 땅굴 파는 능력은 충분히 인정합니다. 모두 다 일등으로 친다고 해도 아니라고 할 두더지는 없으리라고 봅니다. 그래서 오늘의 결승전은 누가 더 똑똑한지 알아보는 것으로 하겠습니다. 이제 곧 심판장이 문제를 내겠습니다."

그러자 두더지들이 웅성거리기 시작했습니다.

"지금까지 이런 일은 단 한 번도 없었는데."

"대학 입학 시험 치르는 날도 아니고 운동회날인데, 누가 더 영리한지 알아보는 시험을 치러야 하다니, 이거 울어야 하는 거야, 웃어야 하는 거야?"

곧 심판장이 문제지를 들고 나타났습니다.

"결승에 올라온 두더지들은 심판장 앞으로 나오세요."

심판장이 두더지들에게 보여 준 문제지에는 이런 내용이 적혀 있었습니다.

"땅 속에는 개미집 네 개가 있습니다. 그러면 어느 개미집을 선택해서 땅굴을 파야 가장 빨리 땅굴을 파고 나올 수 있을까요?"

여기서 잠깐만!

두더지 네 마리와 함께, 우리도 머리 싸움을 해 볼까요?

1번 두더지는 개미집 (가), 2번 두더지는 개미집 (나), 3번 두더지는 개미집 (다), 4번 두더지는 개미집 (래)를 골랐습니다.

자, 어느 두더지가 가장 빨리 땅굴을 파고 나올까요?

㉠ 개미집 (개)를 고른 두더지입니다.

㉡ 개미집 (내)를 고른 두더지입니다.

㉢ 개미집 (대)를 고른 두더지입니다.

㉣ 개미집 (래)를 고른 두더지입니다.

㉤ 두더지 네 마리 모두 이번에도 똑같이 결승점에 도착합니다.

❓ 궁금증 해결

딸랑동산에서 땅굴을 파기 시작한 두더지가 땅 속에 있는 개미집까지 도착한 다음, 다시 딸랑동산 쪽으로 땅굴을 파서 나가는 길은, 그림에서 보듯이 많이 있습니다. 그렇지만 가장 짧은 길은 단 하나입니다.

어느 길이 가장 짧을까요?

가장 짧은 길을 알아 내는 방법이 생각하기에 따라서는 굉장히 어려울 것도 같습니다.

하지만 대칭만 생각할 줄 알면 이것은 아주 쉽게 풀리는 문제랍니다.

나란히 있는 개미집을 물 표면이라고 생각해 보세요. 그러

면 물 표면 아래쪽에 배가 비쳐 보이는 것처럼, 개미집 밑으로 딸랑동산의 모습이 나타나게 되겠지요.

이제 어느 길이 가장 짧은 길인지 우리 눈으로 확인해 볼까요?

먼저 딸랑동산의 출발점과 개미집의 반대쪽에 대칭으로 나타나 있는 딸랑동산의 도착점을 직선으로 죽 연결해 보세요. 이 두 곳을 연결한 직선이 어떤 개미집을 지날 것입니다. 바로 그 곳이 가장 짧은 길이 된답니다. 다시 말해, 두더지가 그 곳을 향해 움직일 때, 가장 짧은 거리로 땅굴을 파고 나올 수 있는 것이지요.

정답은 ㉣입니다.

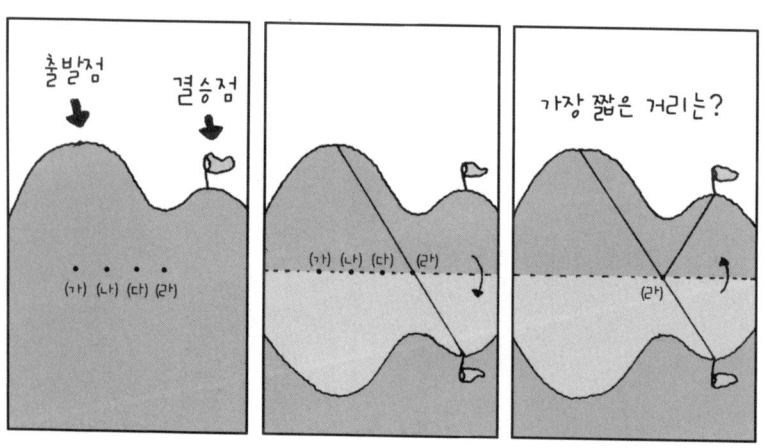

혼자서 생각해보기

어미참새 한 마리가 나무 위에 앉아 있습니다. 참새는 두더지들의 운동회를 아주아주 흥미롭게 지켜보고 있었지요. 운동회가 너무나 재미있어서 넋이 나간 듯 바라보고 있었습니다.

건너편 나무둥지 속에는 아기참새가 짹짹거리며 먹이를 물어다 줄 어미를 기다리고 있지만, 어미참새 귀에는 그 소리도 들리지 않았답니다. 아기참새는 소리를 짹짹 지르다 못해 너무 지쳐 버렸습니다.

운동회가 끝나자, 정신을 차린 어미참새는 새끼가 지쳐서 짹짹거리는 걸 이제야 깨달았어요. 깜짝 놀라서 허둥지둥 먹이를 찾아 보니, 어미참새가 앉아 있는 나무와 아기참새가 앉아 있는 나무 사이에 먹이 네 개가 땅에 떨어져 있네요.

아기참새에게 가는 가장 빠른 길을 골라야 하는데, 어미참새가 어떤 먹이를 입에 물고 아기참새 둥지로 날아오를 때 가장 짧은 거리를 날게 될까요?

㉠ (가)에 놓여 있는 먹이입니다.
㉡ (나)에 놓여 있는 먹이입니다.
㉢ (다)에 놓여 있는 먹이입니다.

ㄹ (라)에 놓여 있는 먹이입니다.
ㅁ 아무 먹이나 비행 거리는 똑같습니다.

❓ 궁금증 해결

참새의 먹이가 놓여 있는 땅을 거울이라고 생각해 보세요. 그러면 아래쪽에 나무들이 비치겠지요? 이 때, 어미가 앉아 있는 나무와 거울에 비친 나무 중 아기참새가 앉아 있는 나무를 직선으로 죽 연결해 보세요.

어떤 먹이와 만나나요?

그렇습니다. 직선은 먹이 (가)와 만난답니다. 그러니 바로 이 자리에 놓인 먹이를 물고 날아갈 때, 어미 참새는 가장 짧은 거리를 날게 되겠지요.

정답은 ㉠입니다.

➕ 하나 더 알기

'두 점을 잇는 가장 짧은 거리는 휘어진 선(곡선)이 아니라, 곧은 선(직선)입니다.'

이것은 유클리드 기하학이 내세우는 가장 중요한 정리입니

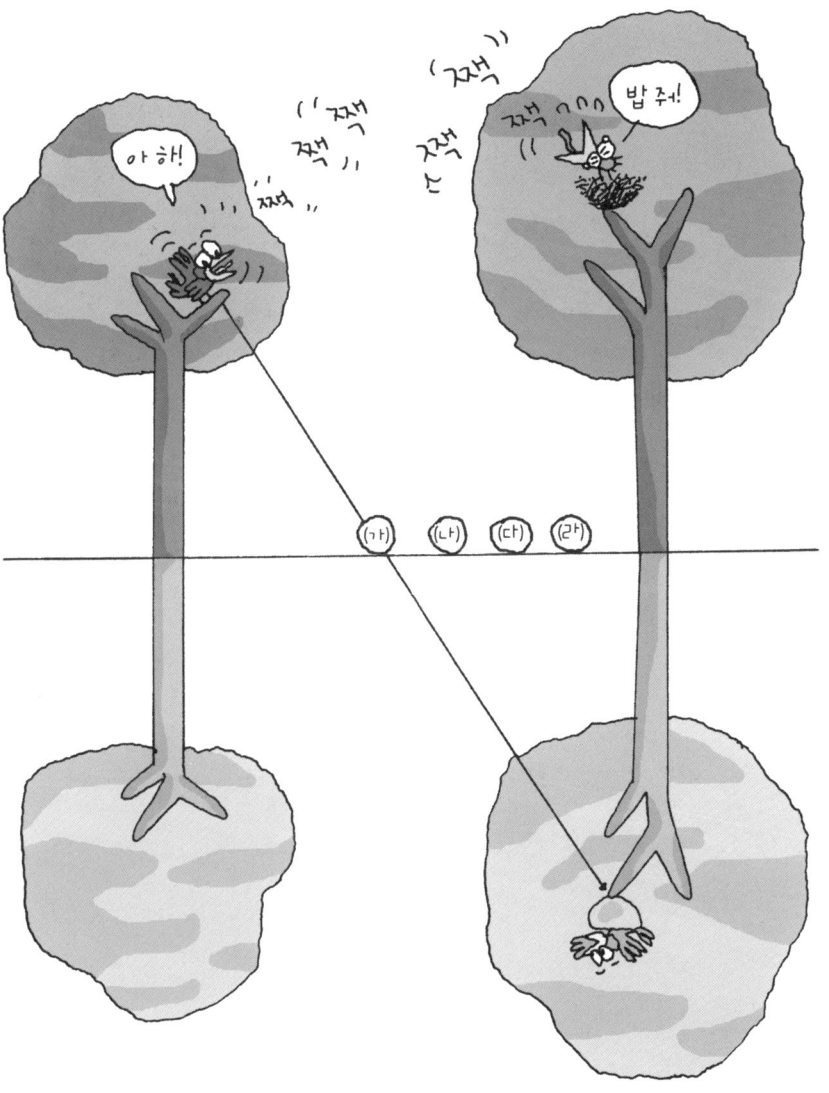

11장_두더지 땅굴파기 147

다. 기하학이란 직선, 원, 타원, 포물선, 삼각형, 사각형, 육각형 같은 모양을 연구하는 학문입니다.

유클리드는 고대 그리스 시대의 위대한 과학자로, 기하학의 기본 골격을 만들어 낸 사람입니다.

유클리드에게는 두 가지 유명한 이야기가 전해져 내려오고 있는데, 하나는 다음과 같습니다.

어느 날 유클리드가 왕에게 기하학을 가르치고 있는데, 왕이 기하학을 좀더 쉽게 배울 수 있는 방법이 없냐고 물었습니다. 그러자 유클리드가 이렇게 잘라 말했습니다.

"전하, 기하학에는 왕도가 없사옵니다."

또 이런 이야기도 전해 옵니다.

유클리드에게 기하학을 배우던 학생이 이렇게 투덜거렸습니다.

"기하학은 조금도 이로운 학문이 아니야."

그러자 유클리드가 말했습니다.

"쯧쯧쯧, 배우는 것에서 이득을 앞세우다니 안타깝구나. 여봐라, 가엾은 이 자에게 동전이나 몇 푼 던져 주어라."

학문은 왕이라고 해서 특별히 대해 주지 않습니다. 누구에게나 평등하게 대해 주지요. 다만 열심히 공부하는 사람에게 커다란 깨우침을 가져다 줄 뿐이지요. 이것이야말로 배우는 우리가 진실로 깨달아야 할 점이랍니다.

여우오줌 과학여행 2

힘과 속력이 뭐야?

글쓴이 · 송은영
그린이 · 김영민

초판 인쇄일 · 2003년 3월 20일
3판 1쇄 발행일 · 2012년 10월 25일

펴낸이 · 손상열
펴낸곳 · 여우오줌출판사
출판 등록 · 2001년 7월 31일 제10-2193호
주소 · 서울시 구로구 구로 5동 107-8 미주오피스텔 2동 808호
전화 · 02) 869-7241
전송 · 02) 869-7244
전자 우편 · foxshe@hanmail.net

ⓒ 송은영, 2002

ISBN 89-90031-56-3 73420